19,80

AXEL JUNGBLUTH

JAZZ HARMONIELEHRE

St. Krauß

AXEL JUNGBLUTH

JAZZ HARMONIELEHRE

Funktionsharmonik und Modalität

I - Harmonielehre (Akkordskalentheorie)
II - Harmonische Bearbeitung (Reharmonisation)
III - Funktionsfreie Harmonik (Modalität)

SCHOTT
Mainz · London · New York · Tokyo

Bestell-Nr.: ED 6911

Umschlaggestaltung: Günther Stiller, Taunusstein

Printed in Germany · BSS 44764

ISBN 3-7957-2412-0

Inhalt

Abkürzung in den Copyright-Vermerken: K = Komponist

Vorwort

Aufgrund seiner Popularität und wegen des großen Interesses bei Schülern und einzelnen Musikpädagogen hat der Jazz auch im deutschsprachigen Raum in den letzten Jahren Eingang in die Lehrpläne der Musikhochschulen und anderer musikalischer Ausbildungsstätten gefunden. An einer wachsenden Zahl von Schulen werden seither Kurse aufgebaut, in denen versucht wird, einem breiten Kreis von Interessenten eine systematische Einführung in die musikalische Praxis wie in die theoretischen Grundlagen des Jazz zu bieten. Zum Teil sind solche Kurse als fester Bestandteil bestimmter Ausbildungsgänge vorgesehen.

Dabei hat sich im Unterricht – wie auch in der praktischen Musikausübung – gezeigt, daß es an einem zuverlässigen Lehrbuch der Jazzharmonielehre mangelt, das dem Anspruch internationaler Einheitlichkeit und dem Niveau der maßgeblichen Entwicklungsströmungen des Jazz gerecht wird. Es gibt zwar auch auf dem deutschsprachigen Markt einige Jazztheoriebücher, die aber entweder veraltet sind oder sich in der Hauptsache als harmonische Etüdenbücher präsentieren. Während also allgemein informierende Werke oder Spiel- und Übeanleitungen für bestimmte Instrumente vorhanden sind, fehlen grundlegende Lehrbücher.

Mit der vorliegenden Arbeit soll versucht werden, eine systematische Einführung in die Jazzharmonielehre zu geben. Dabei wird im wesentlichen die Akkordskalentheorie zugrunde gelegt – wie sie auch am Berklee College of Music, der berühmtesten Jazzschule, gelehrt wird –, jene Methode, die inzwischen durch mündliche Übermittlung für Jazzmusiker in der ganzen Welt zum Inbegriff der Jazzharmonielehre schlechthin geworden ist. Ihr wesentliches Charakteristikum ist, daß Akkorde nicht mehr nur als vertikale Blöcke sondern als lineare Gebilde betrachtet werden, die sich in Form von Skalen darstellen lassen. Dies ist die aktuellste Methode, die Funktionsharmonik des Jazz abzuhandeln. Reine Akkordbetrachtung im Sinne vertikaler Strukturen muß aus heutiger Sicht – insbesondere durch das Auftreten des modalen Stils – als unvollständig bezeichnet werden.

Auf die Behandlung des Blues soll verzichtet werden, da diese Liedform – von geringfügigen Variationsmöglichkeiten abgesehen – einem relativ starren Akkordschema unterliegt und seitens der Akkordwahl nicht so recht in das hier vorgelegte Konzept einer Behandlung der Funktionsharmonik paßt.

Die wenigen, zum Teil in unüberarbeiteter Form als x-te Auflage auf dem deutschen Markt zur Zeit erhältlichen Bücher, die sich mit Jazztheorie befassen, berühren das Thema Skalen entweder gar nicht oder nur nebenbei. Der Verfasser hat die inzwischen international angewandte Idee der Akkordskalen durch einige Aspekte der am Berklee College unterrichteten Arrangier- und Kompositionskurse und der eigenen Kompositions- und Unterrichtspraxis erweitert und so eine Systematik entwickelt, die sich auch neueren stilistischen Tendenzen anpaßt.

Dieses Buch wendet sich an jeden, dem es um den Jazz zu tun ist: den Instrumentalisten, den Komponisten, den Arrangeur sowie an den Pädagogen, der hier Anregungen für den Jazzunterricht (und nicht nur für diesen) finden kann. Die Arbeit ist als Unterrichtsmaterial gedacht; sie kann aber auch als Anleitung zum Selbststudium verwendet werden. Grundlagenkenntnis der allgemeinen Musiklehre ist als Voraussetzung empfohlen.

Im wesentlichen behandelt das Buch die Funktionsharmonik. Diese ist nicht zu verwechseln mit der sogenannten Funktionstheorie im Gegensatz zur Stufenbezeichnung, die im traditionellen Harmonielehreunterricht angewandt werden. Der Begriff Funktionsharmonik meint, daß Harmonien (Akkorde) in funktionalen Zusammenhängen stehen, während in der Modalität die Folge der Klangzustände keiner funktionalen Ordnung unterliegt[1].

Das Material, von dem in den Beispielen und Analysen ausgegangen wird, sind die Jazzstücke, die im Fachjargon *standards* heißen. Ein *Jazz-standard,* dem meistens eine einfache Liedform zugrunde liegt, ist für gewöhnlich in Form eines *leadsheet* (etwa: Direktionsstimme) notiert. Das *leadsheet* enthält häufig alle für den Musiker wichtigen Informationen: die Melodie, die Akkorde (in Symbolschreibweise) und weitere evtl. notwendige Hinweise wie spezielle Rhythmen, Generalakzente oder -pausen, bestimmte Begleitfiguren, Ostinati und dergleichen. Die Mehrzahl der *leadsheets* bietet aber nur Melodie und Akkordsymbole. Die Bezeichnung *standard* bezog sich ursprünglich auf Stücke etwa im Sinne von Pflicht- oder Repertoirestücken (fast in dem Sinne, in dem man den Ausdruck *„evergreen"* kennt). Heute wird eigentlich schon jedes Jazzstück *standard* genannt, vielleicht im Hinblick darauf, daß aus ihm einmal ein *standard* (in der ursprünglichen Bedeutung) werden kann. Ein *standard* hat im Jazz etwa die gleiche Bedeutung wie der *cantus firmus* in der europäischen Musik des 17. und 18. Jahrhunderts, nur mit dem Unterschied, daß das Melos des *Jazz-standards* rhythmisch und harmonisch soweit ausformuliert ist, daß es auch ohne nachträgliche oder zusätzliche Bearbeitung als „fertiges Stück" bestehen kann.

Zum Aufbau des Buches

Die Akkorde, zunächst nur als statische Zustände betrachtet, werden allmählich zu einfacheren Abläufen und schließlich zu komplizierten harmonischen Zusammenhängen verknüpft. Im ersten Kapitel „Symbolschrift" wird erklärt, wie Akkorde mit Hilfe von kombinierten Buchstaben und Zahlen als Akkordsymbole dargestellt werden. Dabei wird die Struktur der betreffenden Akkorde erläutert, ohne daß harmonische Konsequenzen gezogen werden. Im zweiten Kapitel „Tonalität" werden Akkorde in ihrer verwandtschaftlichen Beziehung im Sinne einer Tonart gesehen. Im dritten Kapitel „Kadenzen" werden sie dann in bestimmte (klischeehafte) Ordnungen gebracht. Das vierte Kapitel „Akkordkalegorien" behandelt, im Rahmen einzelner Kategorien, charakteristische Erscheinungsformen der Akkorde und ihre spezielle Verwendung. Im fünften Kapitel „Analysen" wird alles bisher Behandelte anhand von ausgewählten Beispielen veranschaulicht und noch einmal erklärend kommentiert.

An diesen didaktisch-analytischen Teil schließt das Kapitel „Reharmonisation" an. Darin geht es um die akkordliche Erweiterung bzw. Variation des harmonischen Ausgangsmaterials. Das Thema Reharmonisation wird in keinem der bisher vorliegenden Werke der deutschsprachigen Fachliteratur berührt. Aber gerade dieses Kapitel dürfte für den fortgeschrittenen Jazzmusiker (insbesondere für Komponisten und Arrangeure, aber auch für Instrumentalisten speziell im Hinblick auf den Solovortrag) von besonderem Interesse sein, denn eben in der Reharmonisation liegen ja die Möglichkeiten zur individuellen Bearbeitung oder Umgestaltung des ursprünglichen Materials. Eine solche Bearbeitung ist zu verstehen als erweiterte (oder höhere) Form der Interpretation im landläufigen Sinne, von der nicht selten Gebrauch gemacht wird.

Obschon das Hauptthema dieses Buches die Funktionsharmonik ist, wird zum Schluß noch die „funktionsfreie" Modalität behandelt. Es ist notwendig, dieses Thema einzubeziehen, um dem Spektrum der derzeitigen Jazzszene gerecht zu werden, in dem die Modalität eine führende Rolle eingenommen hat.

Mein besonderer Dank gilt Prof. Karl-Heinz Zarius für redaktionelle Mithilfe und fachlichen Rat. Ebenso möchte ich Angelika Nebel für ihre umfangreiche Mitarbeit herzlich danken. Für die kritische Durchsicht des Manuskripts bin ich ferner Joachim-Ernst Berendt, Prof. Dieter Kreidler und Prof. Ingo Schmitt sehr verbunden.

[1] Bei der Analyse werden Stufensymbole verwendet, denn bei dem mehr oder weniger stark modulierenden Charakter der meisten Jazzstücke würden funktionstheoretische Analysen ein allzu kompliziertes und unübersichtliches Bild ergeben. Die Funktionen der Akkordstufen werden bei den Analysen dennoch mitberücksichtigt.

I Harmonielehre (Akkordskalentheorie)

1. Die Symbolschrift

Die in diesem Buch verwendeten Akkordsymbole entsprechen der amerikanischen Schreibweise, da fast alles Material aus Amerika, dem Ursprungsland des Jazz, stammt (Notenmaterial, Instrumental- und Arrangierschulen usw.). Die angelsächsischen Schriftsymbole der Tonnamen stimmen nicht immer mit den im deutschsprachigen Raum gebräuchlichen überein. Die Töne der C-Dur-Tonleiter sind bis auf den siebten in beiden Systemen gleich bezeichnet. Der Ton H heißt in England und Amerika B, wodurch sich auf dem Ton A die dem Alphabet entsprechende Leiter ABCDEFG ergibt. Alterationen werden nicht, wie bei uns, mit Hilfe der angehängten Silben -is bzw. -es, sondern mit den entsprechenden Vorzeichen der Notenschrift kenntlich gemacht, die hinter die Buchstaben gesetzt werden, z. B. C♯ D♭ für Cis bzw. Des. (Die englische Aussprache dieser Symbole ist C sharp bzw. D flat.)

Unser Ton B wird also englisch B♭ geschrieben. Um etwaigen Verwechslungen vorzubeugen, wird für B (also H) gelegentlich auch B♮ (engl.: B natural) verwendet.

1.1. Die Akkorde

Mit einem Großbuchstabensymbol (z. B. C, F, G♭, C♯ usw.) wird immer der auf dem betreffenden Ton aufgebaute Durdreiklang bezeichnet, wobei aber nichts über eine bestimmte Umkehrung ausgesagt ist. Für den Molldreiklang steht ein kleines m oder ein Minuszeichen als Hinweis auf die kleine Terz hinter dem Buchstaben, z. B. A♭–, F♯–, D– usw. Kleinbuchstaben für Moll sind im Jazz nicht üblich.

Weitere Töne erscheinen als entsprechende Indexziffer rechts oben neben dem Buchstabensymbol, z. B. C^6, C^7. Die genaue Intervallbeziehung der Indextöne zum Grundton (groß, klein, vermindert, übermäßig) ist leider nicht logisch und einheitlich chiffriert. Während die Ziffer 7 grundsätzlich die kleine Septime meint, werden sonst mit einfachen Indizes ohne Zusatzzeichen immer große Intervalle angegeben[2)].

Der Grund für die Ausnahme, daß die Indexziffer 7 die kleine Septime bezeichnet, mag in der Tatsache liegen, daß im Blues, einer der frühesten Formen des Jazz, durchweg Dominantseptakkorde verwendet wurden. Infolgedessen war es bei der Entwicklung der Symbolschrift zunächst nicht nötig, unterschiedliche Symbole für kleine und große Septime vorzusehen. Erst als der *Major⁷-Akkord* (Durdreiklang mit gr. Sept) in Gebrauch kam, mußte für die große Septime nachträglich ein Symbol geschaffen werden; daher die recht umständliche Schreibweise MAJ^7, Maj^7, maj^7, M7, j7, △7 usw.

In der folgenden Tabelle sollen die gebräuchlichen *Akkordziffern* unmißverständlichen *absoluten Intervallsymbolen* gegenübergestellt werden, um die Bedeutung dieser Akkordziffern und alternative Schreibweisen aufzuzeigen. In der Rubrik „Absolute Intervallsymbole" erscheinen nur Zeichen für real vorkommende Akkordtöne.

Für die absolute Intervallbezeichnung werden folgende Symbole verwendet (Berklee-System):

Ziffer	mit	vorangestelltem	Minuszeichen	– kleines Intervall
„	„	„	M	– großes Intervall
„	„	„	♭	– vermindertes Intervall
„	„	„	♯	– übermäßiges Intervall
„	ohne Zusatzzeichen			– reines Intervall

2) Eine weitere Ausnahme: die Ziffer 11 = reine Quarte; sie kann aber außer Betracht bleiben, da sie in diesem Akkordsystem als notierter Index nicht vorkommt; denn wie auch einige andere Töne ist die Undezime ein resultierender Zusatzton, der sich aus dem Akkordsymbol und seiner relativen Stellung als frei verwendbarer Optionston ergeben kann und deswegen keiner zusätzlichen Notierung bedarf (s. Abschnitt 5., S. 11 ff.).

1.2. Tabelle der Intervallbezeichnungen

Absolute Intervallsymbole[3]	Akkordziffern[4]
1	(als Grundton im Akkordbuchstaben)
-2	♭9, 9–
M2	9
[♯2	♯9, 9+
-3]	(äußert sich im *m* oder – nach d. Akk.-Namen)
M3	keine Bezeichnung
4	sus4 bzw. 11
[♯4	♯11
♭5]	♭5
5	keine Bezeichnung
[♯5	♯5
-6]	♭13
[M6	13, 6
♭7]	°7, dim. 7
-7	7
M7	maj7, MAJ7, Maj^{7}, M7, j 7, △ 7

Die absoluten Intervallsymbole finden im nachfolgenden Text gelegentlich noch an anderer Stelle Verwendung.

1.3. Septakkorde und deren Erweiterungen

Akkorde werden traditionell als Gebilde aus übereinandergeschichteten Terzen verstanden; von unten nach oben:

↑
(15 = ist wieder Grundton)
13 = Tredezime
11 = Undezime
9 = None
7 = Septime
5 = Quinte
3 = Terz
1 = Grundton

Die ersten drei (1, 3, 5) werden durch den Buchstaben des Akkordsymbols erfaßt. Für die Indizierung der weiteren Töne gibt es zwei Systeme: Entweder werden die eventuell noch zwischen der Quinte und dem Index liegenden Terzen mit eingeschlossen. So bedeutet z. B. das Symbol C^{9} C-Dur-Dreiklang mit kleiner Septime und großer None, also Dominantseptnonenakkord. Oder es erscheint grundsätzlich zuerst *die* Ziffer nach dem Akkordbuchstaben, die Wesentliches über den Akkordtyp aussagt (meist die Ziffer 7). Weitere Töne brauchen nicht indiziert zu werden (wie bereits angedeutet), können aber aus bestimmten Gründen (mit oder ohne Klammer oder nach einem Schrägstrich) mit angegeben werden. Solch ein Grund kann sein, daß dem betreffenden Ton besondere Wichtigkeit im harmonischen Kontext zukommt.

In diesem Buch wird das zweitgenannte System verwendet.

---

[3] Die mit eckigen Klammern zusammengefaßten Intervalle sind akustisch gleiche Töne mit enharmonisch verschiedener Schreibweise.

[4] Bei mehreren möglichen Akkordziffersymbolen gelten für dieses Buch die am Anfang stehenden.

1.4. Weitere Vierklänge

1.4.1. Sixte ajoutée

Der Sixte-ajoutée-Akkord ist ein Moll- oder Durdreiklang mit hinzugefügter großer Sexte, z. B. C^6 bzw. $C-^6$.

Das minus in $C-^6$ bezieht sich auf die Terz des Dreiklangs (s. Abschnitt 1.1, S. 10 f.), nicht aber auf die Sexte, denn diese ist (als Chiffre 6) immer groß. Die kleine Sexte kommt nur als ♭13 vor.

1.4.2. Add 9

Dem Dreiklang kann auch statt der Sexte die große None hinzugefügt werden, z. B. C^{add9}. Es handelt sich bei beiden Akkorden um Varianten des $Major^7$-Akkordes, d. h. 6 oder 9 vertreten die maj7. Alle drei Akkorde – und auch die ebenfalls sehr gebräuchliche Kombination 6/9 *(pentatonischer* Akkord) – erscheinen meist als Tonika.

1.5. Die Umkehrungen

Da im Akkordsymbol schon Indizes vorkommen, hätte die zusätzliche Verwendung von Generalbaßziffern zur Kennzeichnung der Umkehrung eine allzugroße Unübersichtlichkeit zur Folge. Die Umkehrungen der Akkorde werden gekennzeichnet, indem man unter einem Schrägstrich hinter dem Akkordsymbol den Baßton mit Namen benennt, z. B. C^7/G (= Terzquartakkord).

Ein Akkordsymbol hat Gültigkeit bis zum Erscheinen des nächsten. Gilt eine Harmonie über mehr als einen Takt, ist es demzufolge nicht nötig, denselben Akkord immer wieder neu anzugeben.

2. Tonalität und diatonisches System

Die Begriffe *Tonalität, diatonisches System* sowie *tonaler Raum* und *kadenzieller Bereich* bezeichnen aus verschiedener Sicht in etwa das gleiche.

Der Begriff der *Tonalität* läßt sich folgendermaßen umschreiben: Man nehme irgendeine (z. B. siebenstufige) Skala und bilde auf jeder Stufe wieder eine neue Skala bzw. 3-, 4-, 5-, 6- oder 7-stimmige Akkorde, natürlich nur mit den Tönen der Ausgangsskala. Die so gefundenen Skalen und Akkorde gehören alle einundderselben Tonalität an. Sie bilden ein im musikalischen Sinne *geschlossenes System,* und wenn solche Systeme aus diatonischen Leitern[5] gebildet werden, kann man auch von *diatonischen Systemen* sprechen.

Akkorde, die demselben diatonischen System angehören, stehen meist in einer funktionalen Ordnung zueinander; sie bilden dann eine Kadenz oder Teilkadenz. Akkorde in kadenziell richtiger Reihenfolge sind im Quintenzirkel angeordnet, d. h. die Grundtöne aufeinanderfolgender Kadenzakkorde gehen in Quintsprüngen ab- bzw. in Quartsprüngen aufwärts. Treten Akkorde einundderselben Tonalität in dieser Quintordnung auf, so bilden sie einen *kadenziellen Bereich.* Besteht die kadenzielle Ordnung nicht, jedoch die tonale Bindung, so spricht man besser von einem *tonalen Raum.*

In Jazzstücken werden selten nur Akkorde einer Tonalität verwendet, vielmehr modulieren die meisten Stücke mehr oder weniger stark, d. h. es erscheinen mehrere Tonalitäten oder die Tonarten bzw. tonalen Bezugszentren (Toniken) wechseln.

---

5) Nicht-diatonische Leitern, wie die chromatische oder die Ganztonleiter, ergeben in dieser Betrachtung keinen Sinn, da sie auf jeder Stufe die gleiche Akkord- bzw. Skalenstruktur bilden. Die chromatische Skala bildet auf jeder Stufe wieder eine chromatische Skala und Akkorde, die wie Ganztonleitern aussehen. Die Ganztonskala läßt nur die Bildung von weiteren Ganztonskalen und als einzigem Akkordtyp übermäßige Dreiklänge zu.

3. Kadenzen

3.1. Diatonische Septakkorde

Bildet man Vierklänge auf den sieben Tonstufen einer Durtonleiter, dann ergeben sich verschiedene Akkordtypen:

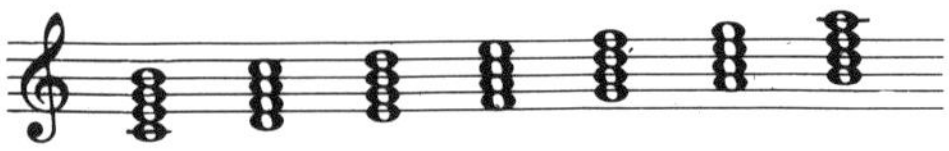

Akkordstrukturen:	M7	-7	-7	M7	-7	-7	-7
	5	5	5	5	5	5	♭5
	M3	-3	-3	M3	M3	-3	-3
	1	1	1	1	1	1	1
Stufen, mit näherer Bezeichnung des Akkordtyps:	I^{maj7}	II^{-7}	III^{-7}	IV^{maj7}	V^{7}	VI^{-7}	$VII^{-7\flat5}$

3.2. Quintenzirkelkadenzen

Geht man nun mit I beginnend in Quinten ab- bzw. in Quarten aufwärts, erhält man eine Kadenz von sieben Akkorden oder genauer gesagt: eine Kadenz mit allen in der betreffenden Tonalität vorkommenden Septakkorden.

I^{maj7} IV^{maj7} $VII^{-7\flat5}$ III^{-7} VI^{-7} II^{-7} V^{7} | I^{maj7} [6)]

Mit geringster melodischer Bewegung ausgesetzt:

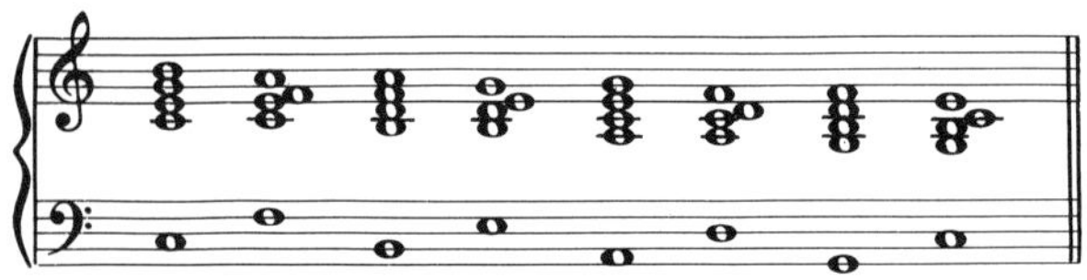

Gebräuchlich sind jedoch nur kürzere Kadenzen wie V I, II V I, VI II V I und nur selten III VI II V I.

3.3. Akkordklischees

Der wichtigste Akkord in der Kadenz ist die Tonika (I), das Tonzentrum, auf welches sich die übrigen Akkorde beziehen. Aber gerade dieser zentrale Akkord erscheint oft nicht, die Kadenz endet auf der Dominante (V) und geht unvermittelt in eine andere Akkordfolge über. Das häufigste Bild dieser unvollständigen oder unaufgelösten Kadenz ist die Folge II^{-7} V^{7}. Es gibt

6) Folgen von Akkordsymbolen mit Zahlen oder Buchstaben sowie Verbindungen von Symbol und Gattungsbegriff erscheinen in diesem Buch immer ohne verbindenden Gedankenstrich, um eine Verwechslung mit dem Minuszeichen für Moll auszuschließen (z. B.: II^{-7} V^{7} I^{maj7} Kadenz). Der verbindende Gedankenstrich erscheint nur in zweifelsfreien Fällen (z. B. $Major^{7}$–Akkord).

Stücke, deren Harmoniefolge eine regelrechte Kette solcher II V Modelle (engl.: *chord-patterns)* bildet (harmonische Sequenzen)[7], z. B. in:

LOVER

1. II^{-7} V^{7} von E -Dur
2. „ „ E♭– „
3. „ „ D– „
4. „ „ D♭– „
5. „ „ C– „
6. „ „ D– „
7. „ „ C– „

Der Verzicht auf die Auflösung umgeht den Schlußeffekt und bewirkt somit Leichtigkeit und ständiges Fließen der harmonischen Folgen. Erfolgt die Auflösung dennoch, so läßt sich der erwünschte Fluß auch mit anderen, z. B. melodischen, rhythmischen oder formalen Mitteln erreichen. Gerade die sequenzierende Regelmäßigkeit der chromatisch fallenden Kadenzen im angeführten Beispiel erleichtert das gehörsmäßige Erkennen derselben, weshalb eine Auflösung in die jeweilige Tonika nicht mehr nötig ist.

Das II^{-7} V^{7} pattern ist das meistgebrauchte Kadenzmuster und kommt mindestens so häufig ohne wie mit Auflösung vor.

Sehr viele *standards* verwenden die VI II V I Kadenz[8] in der Folge (I) VI^{-7} II^{-7} V^{7} (I).

Besonders häufig ist eine derartige Harmonisierung bei *Be-Bop-standards* anzutreffen, z. B. FLAT FOOT FLOOGIE, AN OSCAR FOR TREADWELL (Ch. Parker), JIVE AT FIVE, CRAZEOLOGY (Bud Powell), DEXTERITY (Ch. Parker) u. v. a.

---

7) Die Vorliebe für unaufgelöste Kadenzen korrespondiert mit der Gewohnheit, Dissonanzen nicht im traditionell-funktionalen Sinne zu behandeln.

8) George Gershwins bekanntes I GOT RHYTHM verwendet diese Akkordfolge; die Bezeichnung Anatole ist in Frankreich und der Schweiz üblich; ferner wird die Bezeichnung „1625" (sprich: sechzehn-fünfundzwanzig) gebraucht, womit die Akkorde I VI II V der Kadenz gemeint sind.

3.4. VI II V I Varianten

Gelegentlich treten an die Stelle des VI–⁷ andere, nichtdiatonische (d. h. nicht zu der betreffenden Kadenz oder Tonalität gehörende) Akkorde. Die häufigsten VI II V I Varianten sind:

1.

2.

3.

4.

5.

um nur die wichtigsten bzw. häufigsten zu nennen.

---

9) Mit °7 wird der *verminderte Septakkord* bezeichnet (s. Abschnitt 4).

4. Akkordkategorien

4.1. Akkorde im diatonischen System

Wie aus der Aufzählung der sieben diatonischen Septakkorde in Dur zu erkennen ist, gibt es verschiedene Akkordtypen:

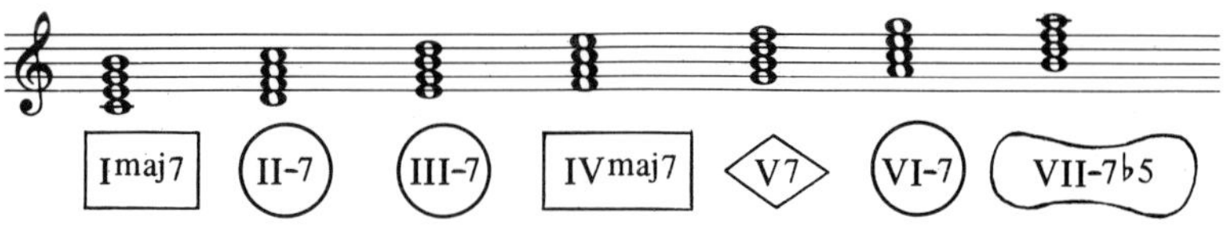

Einige kommen mehrfach vor, wie jeweils an den Umrandungen zu erkennen ist. Es erscheinen hier drei Moll^{7}–Akkorde, zwei (Dur–) Maj7–Akkorde und je ein Dom^{7} – und Moll$^{7\flat5}$–Akkord.

Das diatonische System von *melodisch Moll* enthält keine dem Dursystem gegenüber grundsätzlich neuen (in der Praxis gebräuchlichen) Akkordtypen. Daher genügt es zunächst, sich im folgenden auf das Dursystem zu konzentrieren.

Die gleichartig umrandeten Akkorde sind vom Typ her gleich, d. h. sie weisen dieselbe Intervallstruktur auf. Wenn man sie um weitere Terzen nach oben ergänzt, zeigen sich allerdings Unterschiede, die eine Differenzierung nahelegen. Es scheint deshalb sinnvoll, die Vielzahl von Klängen so zu sortieren, daß Akkorde mit gleichem Grundaufbau (1, 3, 5, 7) in Gruppen zusammengefaßt und innerhalb dieser Gruppen Unterschiede der Oberstruktur (9, 11, 13, 15) im einzelnen herausgearbeitet werden.

Wir beginnen mit dem Septakkord, der die größten Intervalle hat, dem Dur^{maj7}–Akkord. Im Dursystem erscheint er auf der 1. und der 4. Stufe. Der weitaus häufigere I Akkord soll der Gruppe den Namen *Tonika-Typus* geben.

Durch Erniedrigung der Septime erhält man einen Dominantseptakkord. Die *Dominanten* bilden die größte Akkordgruppe, obschon sie im Dursystem nur einmal vertreten sind (5. Stufe).

Die Erniedrigung der Terz des Dominantseptakkordes ergibt die Struktur der *Mollseptakkorde.* Diese Gruppe wird gebildet aus den Akkorden der 2., 3. und 6. Stufe des Dursystems.

Durch Erniedrigung der Quinte im Mollseptakkord entsteht der *halbverminderte* oder *Moll* $^{7\flat5}$*–Akkord.* Dieser Akkord erscheint im Dursystem auf der 7. und in *melodisch Moll* auf der 6. Stufe.

Die Verminderung der Septime des Moll$^{7\flat5}$–Akkordes führt schließlich zum *verminderten Septakkord.*

Die Kategorien werden also heißen:

Tonika-Typus
Dominanten
Mollseptakkorde
Moll$^{7\flat5}$*–Akkorde*
Der verminderte Septakkord

Die Reihenfolge, in der hier die Gruppen behandelt werden, richtet sich am besten nach dem Grad ihrer Unregelmäßigkeit oder Kompliziertheit; wir beginnen mit den Mollseptakkorden. Es folgen der halbverminderte Septakkord, der verminderte Septakkord, der Tonika-Typus und die Dominanten.

Innerhalb einer Gruppe werden vornehmlich vier Dinge betrachtet:
- die *Definition* des Akkordtyps, d. h. seine Grundstruktur;

- die *Optionen*, d. h. die zusätzlich zum Basisakkord möglichen Ergänzungstöne. Diese Optionen sind frei wählbar hinsichtlich ihrer Auswahl und Anzahl, ohne daß es dafür im Akkordsymbol (Chiffrierung) irgendwelche Hinweise geben müßte. Welche Optionstöne im einzelnen gültig sind, wird durch die Funktion des betreffenden Akkordes bestimmt, die durch Analyse festgestellt wird;
- die *Skalen*, durch die sich die einzelnen Vertreter der betreffenden Gruppe in linearer Form darstellen lassen;
- die *Verwendung der Akkorde* (Skalentabelle S. 35).

Außerdem werden die in manchen Skalen *verbotenen Töne* markiert. Die Erklärung jedes Verbots erfolgt jeweils als Anmerkung. Das Verbot dieser Töne bezieht sich jedoch nur auf ihre Verwendung als statische Akkordtöne, nicht aber als melodische Durchgangstöne.

4.2. Die Gruppen

4.2.1. Mollseptakkorde

Definition: 1 –3 5 –7 [10]
Optionen: 9 11 (13)

Skalen:

a) dorisch (II–^{7})

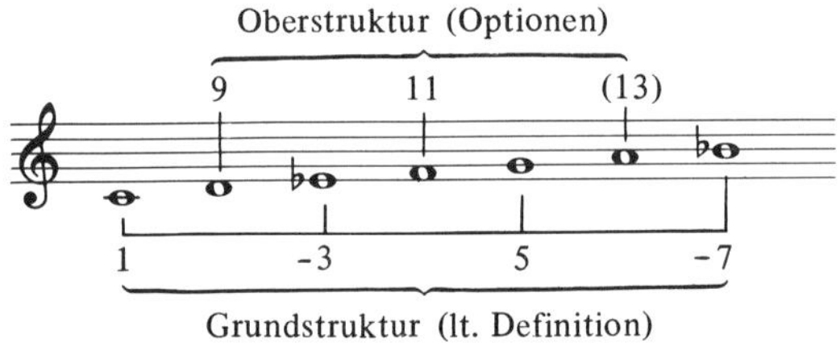

b) aeolisch (VI–^{7})

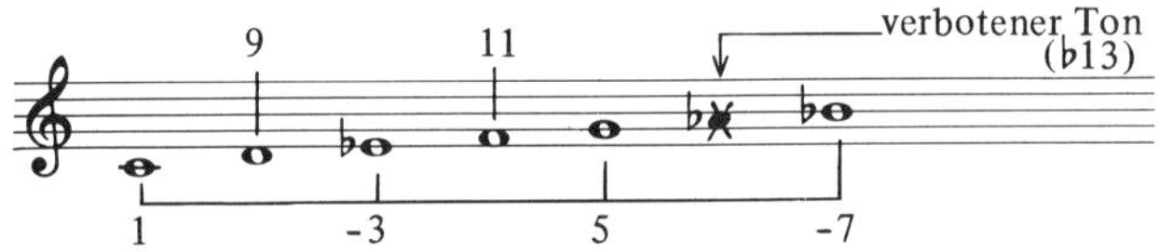

c) phrygisch (III–^{7})

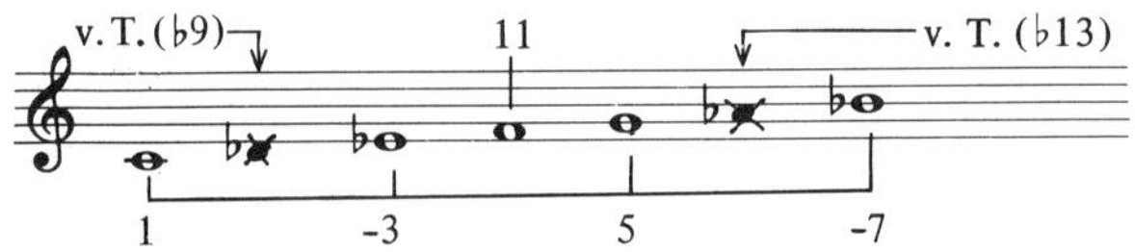

Gründe für die Verbote:

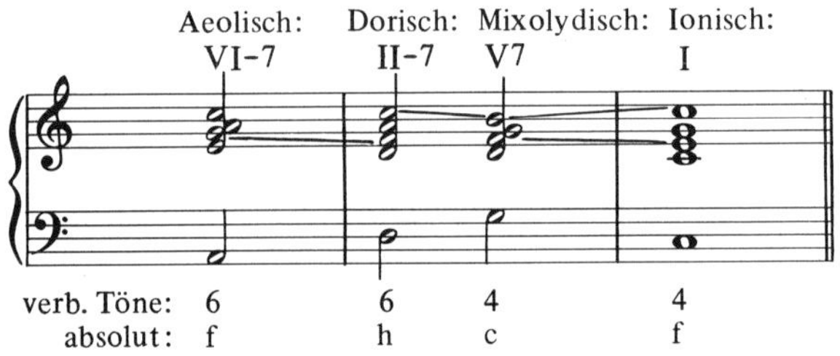

[10] In der Definition werden absolute Intervallsymbole verwendet, die Optionen erscheinen als Akkordziffern.

Die -6 in A–^{7} (VI–^{7}, aeolisch) ist verboten, weil sie in den beiden nachfolgenden Akkorden jeweils einer der wichtigsten Töne ist, im II–^{7} ist es die Terz (die ja den Moll-Charakter ausmacht) und im V^7 die Septime (Terz und Septime sind die beiden wichtigsten Fundamentaltöne des Dominantseptakkordes, und sie bilden den für diesen Akkord typischen Tritonus). Es versteht sich von selbst, daß es nicht gut sein kann, wesentliche Elemente des nachfolgenden Akkordes vorwegzunehmen.

Das h in D–^{7} (II–^{7}, dorisch) würde in ähnlicher Weise den Leitton der Dominante vorwegnehmen, der in den Grundton der Tonika führen soll[11]. Damit ist auch erklärt, warum das c in G^7 (V^7, mixolydisch) verboten ist: es ist der Grundton, in den sich der Leitton der vorangegangenen Dominante auflöst.

In den klassischen Stimmführungsregeln heißt es, daß die Terz eines Dominantseptakkordes in steigender und die Septime (sowie die Quinte) in fallender Richtung aufgelöst werden sollen. Über die Terz der Dominante (Leitton) wurde soeben gesprochen. Die Septime, in diesem Beispiel der Ton f, soll abwärts nach e (die Terz der Tonika) geführt werden. Das bedeutet natürlich, daß das f nach erfolgter Auflösung im Zielakkord nicht erscheinen darf (die gleichzeitige Verwendung von aufzulösendem und Auflösungston wäre vergleichbar mit einer Verkehrsampel, die im gleichen Moment Rot und Grün anzeigt).

Konsequenterweise müßte demnach auch die M7 im I Akkord verboten sein, da sie identisch mit dem Leitton ist, der als Terz der Dominante aufwärts in den Grundton der Tonika zu führen ist. Folgende Wendung ist jedoch durchaus gängig:

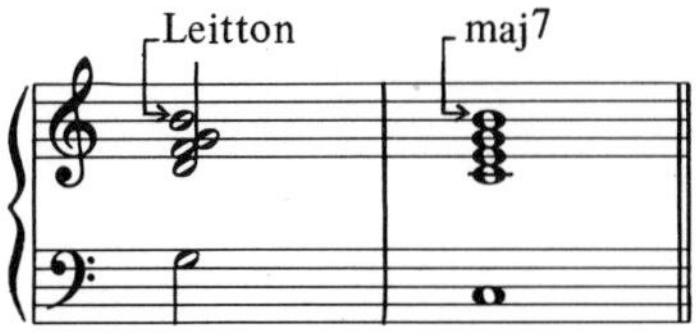

Ein anderer Grund für das Verbot der Quarte (in der Tonika) ist der meist schlechte Klang der kleinen None, des Intervalls, das die Quarte als Undezime mit der Terz des Akkordes bildet.

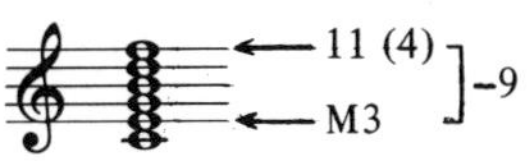

4.2.2. Der halbverminderte Septakkord = Moll$^{7\flat5}$ [12]

Definition: 1 -3 ♭5 -7
Optionen: (9) 11 ♭13 [13]

---

[11] Ausnahme: Die 13 kann in einem II–^{7} auf einer Hauptzeit verwendet werden, wenn der betreffende Ton als Melodieton stufenweise abwärts (vorhaltartig) oder aufwärts (wirkt klanglich wie ein chromatischer Durchgangston, obschon er leitereigen ist) verwendet wird.

[12] Statt C–$^{7\flat5}$ wird auch gelegentlich C^{ø7} geschrieben, das Symbol für halbvermindert, das von C$^{\circ7}$ (= verminderter Septakkord) abgeleitet ist.

[13] Der Moll$^{7\flat5}$-Akkord steht in der Regel auf der 2. Stufe in einer Mollkadenz, im Unterschied zur klassischen Harmonielehre, in der er als verkürzter Dominantseptnonenakkord verstanden wird. Da es diese Betrachtungsweise in der Jazzharmonik nicht gibt, muß man die Option ♭13 mit Vorsicht behandeln, denn um diesen Ton als Grundton ist in traditioneller Deutung der Dominantseptnonenakkord beschnitten. Würde man die ♭13 eines II–$^{7\flat5}$ in ungeschickter Weise verwenden, könnte tatsächlich der Eindruck eines verkürzten V$^{7/9}$ entstehen.

Skalen:

a) Lokrisch (II–$^{7\flat 5}$)

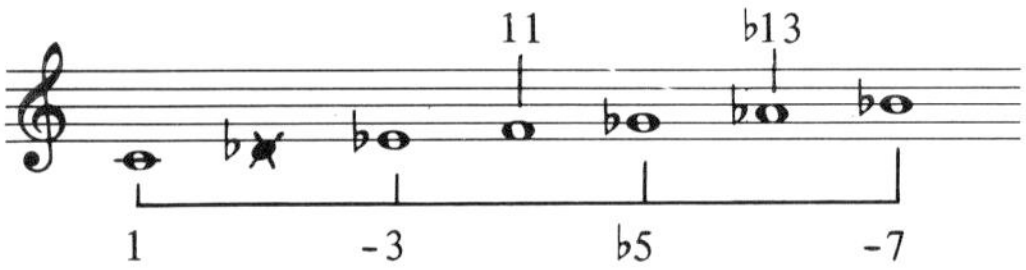

b) Lokrisch 9

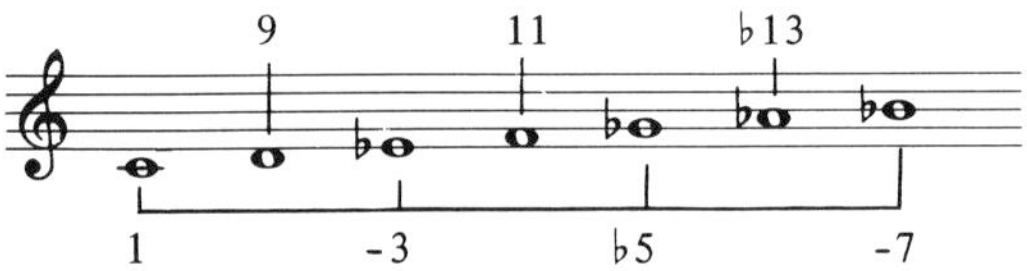

a) Lokrisch steht auf der 7. Stufe in Dur.
b) Die hier als *Lokrisch 9* bezeichnete Skala – sie gleicht Lokrisch mit großer None (Akkordziffer 9) – wird auf der 6. Stufe in melodisch Moll (aufsteigend) gebildet. Sie hat gegenüber dem reinen Lokrisch den Vorteil, daß sie sieben statt nur sechs verwendbarer Töne hat. Trotzdem sollte man sich aus diatonischen sowie aus manchmal zwingenden melodischen Gründen im allgemeinen für das reine Lokrisch entscheiden. Die große None hat wohl in erster Linie die Qualität einer klangfarblichen Komponente des vertikalen Klanggebildes.

4.2.3. Der verminderte Septakkord

Definition: 1 –3 ♭5 ♭7
Optionen: 9 11 ♭13 ♭15 (= M7)[14]
Skala: Ganzton-Halbtonskala (GTHT)

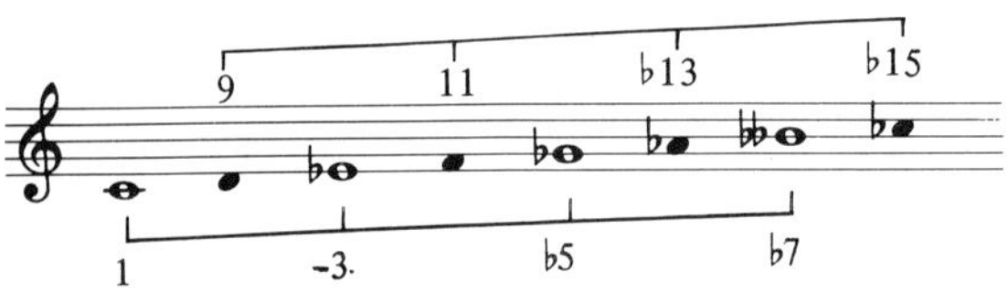

Die Skala besteht aus zwei ineinander verschachtelten verminderten Septakkorden. Der eine ist der Fundamentalklang und wird gebildet aus den Tönen 1 –3 ♭5 ♭7, der andere enthält die Optionstöne 9 11 ♭13 ♭15.

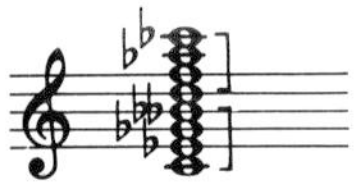

Der verminderte Septakkord hat eine regelmäßige Struktur, seine vier Elementartöne stehen alle im Abstand der –3. Bildet man eine –3 auf dem vierten Ton, so erhält man wieder den Grundton (enharmonisch verwechselt), worauf sich wieder der gleiche Akkord mit den glei-

14) Das Auftreten der Tonnamen c und ces innerhalb eines Akkordes bzw. einer Skala ist vom Standpunkt diatonischer Notationsweise ein Schönheitsfehler, der sich aber nicht vermeiden läßt, da unser Notationssystem auf siebenstufige Leitern bezogen ist.

chen Tönen bilden läßt. Man könnte dies beliebig oft wiederholen, ohne dabei andere als die ursprünglichen Töne zu erreichen. Es wird also auf jedem der vier Elementartöne wieder ein verminderter Septakkord gebildet, der die gleichen Töne verwendet wie der erste. Die traditionelle Harmonielehre sieht in diesem Akkord meist eine der vier möglichen Umkehrungen einer alterierten Zwischendominante (die nichts zu tun hat mit der im Jazz gebräuchlichen *alterierten* Dominante), im Jazz gilt der verminderte Septakkord als selbständige Struktur, und er kann auf vierfache Weise – mit jedem seiner vier Elementartöne als Grundton – bezeichnet werden.

4.2.4. Der Tonika-Typus

Definition: 1 M3 5 oder 1 –3 5[15)]
(Dur- oder Molldreiklang)
Optionen: 6 maj7 9 ♯11

Skalen:

Ionisch (I^{maj7}, I^{6}, $I^{6/9}$, $I^{add\ 9}$)

Lydisch (IV^{maj7}, IV^{6} etc.) (♯11)

Melod. Moll aufsteigend (MMA)
($I–^{6}$, $I–^{maj7}$, etc.)

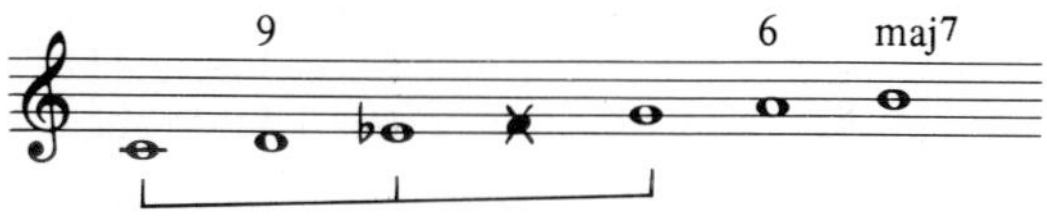

Die häufigste Chiffre für die Dur-Tonika ist die mit dem Index maj7, z. B. C^{maj7}, $C–^{6}$, entsprechend für Moll, was aber nicht bedeutet, daß die indizierten Optionen obligatorisch sind, es handelt sich hierbei nur um Schreibgewohnheiten. Man fasse also das wie auch immer chiffrierte Akkordsymbol gemäß seiner Definition als Dreiklang auf und verfüge frei über die implizierten Optionen.

Treten andere als die üblichen Schreibweisen auf, so kann das bestimmte Gründe haben. Der Tonika^{6}Akkord z. B. wird vor allem dann verwendet, wenn der einzige oder dominierende Melodieton gleichzeitig Grundton des Akkordes ist. Denn würde man an einer solchen Stelle den Dur^{maj7} nehmen, läge die maj7 in der 2. Stimme und somit „zu dicht" (–2) an der Melodie. Ein notierter $Moll^{maj7}$Akkord hingegen kann meistens so aufgefaßt werden, daß dem Komponisten oder Bearbeiter speziell diese Klangform vorschwebte, er also absichtlich und nicht zufällig dieses Symbol wählte.

---

15) Der Tonika-Akkordtyp ist der einzige in der Jazzharmonik, der als Dreiklang voll funktionsfähig ist.

4.2.5. Die Dominanten

Definition: 1 M3[16] –7
Optionen: ♭9 9 ♯9 ♯11 ♭13 13
Alternativtöne: sus4⟷3[17]
Quinten: ♭5 5 ♯5
Skalen:

Mixolydisch (a) (V^7 in Dur)[18]

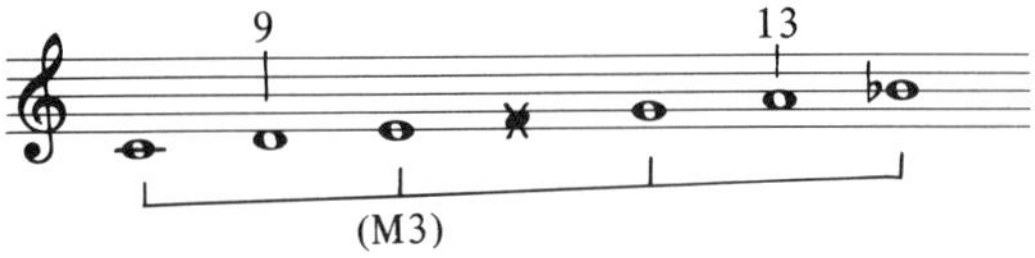

Mixolydisch (b) (V^7sus4 in Dur)[17]

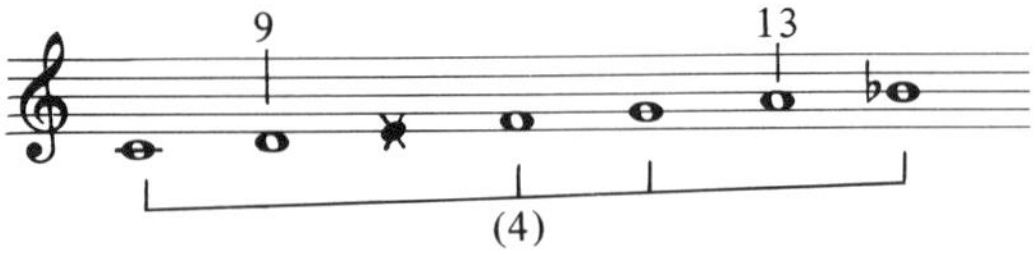

HM 5

Wie Mixolydisch als Ableitung auf der 5. Stufe in Dur für den V^7 Akkord in Dur gewonnen wird, so wird die Skala für den V^7 in Moll in entsprechender Weise einer Mollskala entnommen. Die Ausgangsskala hierfür ist Harmonisch Moll, wenngleich der I Akkord als Melodisch Moll dargestellt wird. Der Grund für diese Inkonsequenz ist in der Uneinheitlichkeit des Moll (natürlich, melodisch, harmonisch) zu suchen. Die Skalen der drei Akkorde einer Kadenz aus 2., 5., und 1. Stufe in Moll sind tatsächlich jeweils einer anderen Mollform entnommen. So steht Lokrisch ($II-^{7\flat5}$) auf der 2. Stufe von Aeolisch (also Natürlich Moll), die Skala des V Akkordes auf der 5. Stufe von Harmonisch Moll und der I Akkord selbst verwendet Melodisch Moll.

Für die Skala, die auf der 5. Stufe von Harmonisch Moll gebildet wird, existiert zwar der Name *Arabisch Moll* (der Molleindruck ergibt sich aus der kleinen Sekunde und Sexte der Skala), aber dieser Name ist hier wenig sinnvoll, da man beim Begriff Moll eine –3 assoziiert, die Definition der Dominante aber eine M3 vorschreibt.

Daher soll für diese Skala die Bezeichnung HM5[19] eingesetzt werden, was soviel bedeutet wie „von Harmonisch Moll auf der 5. Stufe abgeleitet".

HM5 (V^7 in Moll
meist als $V^{7(\flat9)}$ chiffriert)[20]

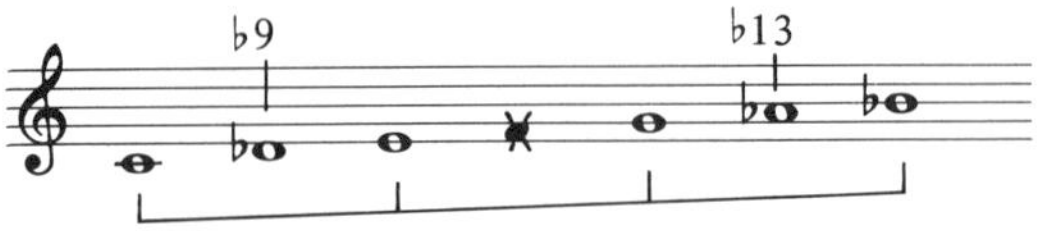

(Dies sind demnach die Töne von F Harmonisch Moll)

---

16) Die reine Quinte kann nicht zur Definition gezählt werden, da sie als einziger „Elementarton" variabel ist (♭5, 5, ♯5), ohne das Wesentliche des Dominantischen zu beeinträchtigen.

17) sus4 = Abk. von engl. suspended fourth, zu deutsch: Quartvorhalt.

18) Mixolydisch wird auf der 5. Stufe in Dur (Ionisch) gebildet und daher für den V^7 verwendet, der nach I-Dur geht.

19) Die amerikanische Bezeichnung (Berklee-System) ist *H-P5↓*, ausgesprochen: harmonic minor of a perfect fifth below.

20) Meistens wird dieser Akkord mit der kleinen None im Index erscheinen, also z. B. $C^{7(\flat9)}$, was aber eigentlich nicht nötig wäre, denn eine Dominante mit großer None (z. B. die mixolydische) führt ohnehin nicht nach Moll, sondern nach Dur. Ganz eindeutig wäre das Akkordsymbol (auch für jemanden, der die Skalenzusammenhänge nicht kennt), wenn neben der ♭9 auch noch die ♭13 vermerkt wäre. Dies ist fast nie der Fall, dafür begegnet man aber häufig fälschlicherweise dem Index ♯5 oder 5 + oder nur + (also z. B. $G^{+7(\flat9)}$), womit dann die ♭13 gemeint ist.

Eine Mollkadenz lautet normalerweise:

II$^{-7\flat5}$	V$^{7(\flat9)}$	I^{-6}
Lokrisch	HM5	MMA

Es kommt aber auch vor, daß eine Kadenz im Sinne von Moll beginnt (d. h. mit II$^{-7\flat5}$ V$^{7(\flat9)}$ oder auch nur mit V$^{7(\flat9)}$) und dann mit einem Durklang beschlossen wird. Eine solche Wendung ist als *frei eintretender Durschluß* zu betrachten, der jedoch keinerlei Konsequenzen für die vorangegangenen Akkorde ergibt (vgl. auch S. 40, 4. und 5. Abschnitt).

Die *Alterierte Skala* setzt sich aus den drei Elementartönen der Dominante und den alterierten Optionen[21] so zusammen, daß die Optionen in stufenmäßig richtiger Reihenfolge zwischen die Elementartöne eingeschoben werden.

Alteriert

Die doppelte Benennung des d als des und dis ließe sich vermeiden, wenn man die Skala enharmonisch so umschreiben würde, wie sie auf der siebten Stufe von D♭–MMA erscheint.

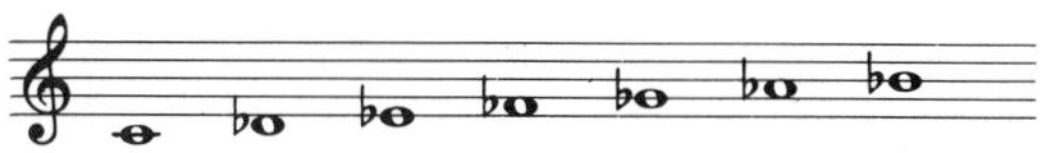

Der Nachteil dieser Schreibweise ist aber, daß die Funktionen der einzelnen Töne im Sinne der alterierten Skala nicht auf Anhieb zu erkennen sind, so ist z. B. die große Terz hier als verminderte Quart notiert usw.

Die *Alterierte Skala* findet man auf der 7. Stufe von Melodisch Moll. Neben der weitaus häufigsten Verwendung der alterierten Dominante als V^{7}alt. kommt dieser Akkord ebenfalls als VII^{7}alt. oder III^{7}alt. vor, z. B. in der Verbindung I^{maj7} III^{7}alt. IV^{maj7}. Ob man diesen III^{7}alt. hier als Stufe III, bezogen auf den Gesamtzusammenhang, oder als Stufe VII, bezogen auf den nachfolgenden Akkord (IV^{maj7}) sieht, für den man dann die Bezugsstufe I annimmt ist einerlei, denn der stufenmäßige Bezug ist in beiden Fällen der gleiche.

Der alterierte Dominantseptakkord löst sich sowohl nach Dur als auch nach Moll auf. Grundsätzlich kann er einen „normalen" V^{7} ersetzen, wenn dies mit den Melodietönen vereinbar ist. Eine normale Durkadenz könnte demnach lauten:

	II^{-7}	V^{7}alt.	I^{maj7}
	Dorisch	Alteriert	Ionisch
eine Mollkadenz:	II$^{-7\flat5}$	V^{7}alt.	I^{-6}
	Lokrisch	Alteriert	MMA

Da nun der alterierte V^{7} Akkord in einem Dur- wie in einem Mollzusammenhang stehen kann, besteht die Möglichkeit einer *Tongeschlechtkreuzung:*

21) Unter alterierten Optionen werden hier solche verstanden, die in der Chiffrierung mit einem ♯ oder ♭ versehen sind.

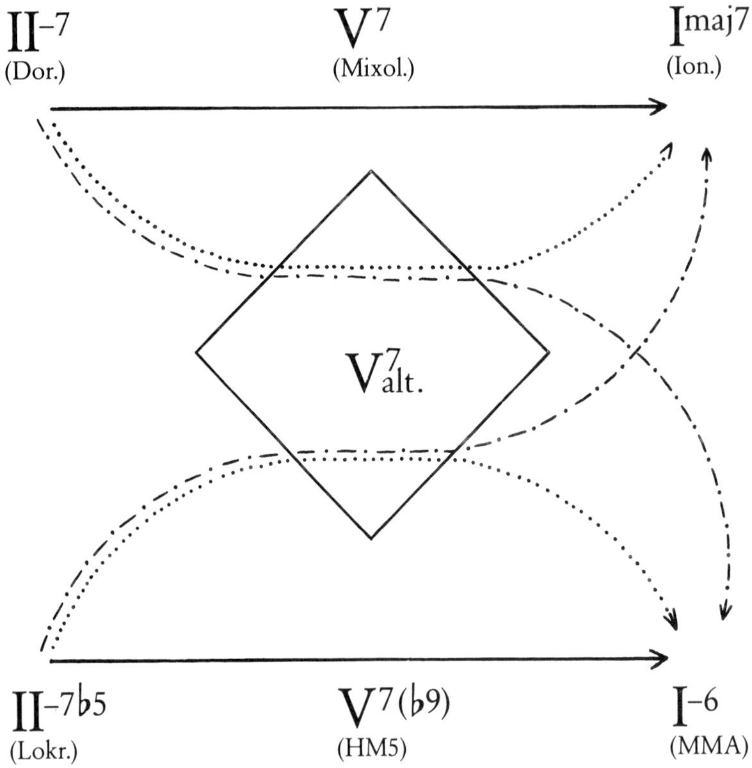

——————— = normale Progression
.... = Ersetzen des normalen V7 durch den V7 alt.
–·–·–·–·–·– = Tongeschlechtskreuzung über den V7 alt.

Wie bereits gesagt, kommt die Alterierte Skala auf der 7. Stufe in Melodisch Moll vor. Auf der 4. Stufe findet man folgende Skala:

4. Stufe von C MMA
Beispiel:

Daß dieses auch eine Dominantskala ist, erkennt man unschwer an den vier Elementartönen, darüber hinaus enthält sie noch die Töne 9, ♯11, 13. Ohne das ♭ vor dem 7. Ton wäre es die lydische Skala, mit einem zusätzlichen ♭ vor dem 4. Skalenton die mixolydische. In den USA heißt diese Skala deswegen *Lydian ♭7,* jedoch erscheint die Bezeichnung *Mixo♯11* (Mixolydisch mit ♯11) sinnvoller, da man bei Mixolydisch an eine Dominante, bei Lydisch hingegen an die Subdominante denkt, die strukturmäßig zum Tonika-Typus gehört.

Das Intervall zwischen dem 4. und dem 7. Ton in MMA ist der Tritonus. Geht man vom V^7alt. einen Tritonus aufwärts (oder abwärts), so erhält man einen solchen Mixo♯11–Dominantseptakkord auf der Stufe ♭II, also einen Halbton oberhalb der Tonika. Da dieser Akkord, der $\flat II^{7\sharp 11}$ als Vertreter für den V^{7}alt. zu verstehen ist (denn von diesem wurde er ja abgeleitet), führt er, wie der V^{7}alt., direkt in die Tonika. Und da bei dieser Akkordfolge $\flat II^{7}$ I die Baßfortschreitung chromatisch ist, nennt man diese Auflösungsform *chromatic approach* (zu deutsch: „chromatische Annäherung").

Solche $\sharp 11$ Dominanten, wie der IV^{7} oder der $\flat II^{7}$, können wie ihre alterierten Vertreter nach Dur oder nach Moll aufgelöst werden. Und da sie niemals auf der 5. Stufe (primäre oder direkte Dominante) erscheinen, sind sie *sekundäre Dominanten,* wobei sie aber unmittelbar in den Zielakkord (Tonika) weiter- bzw. von ihm wegführen.

Weitere gebräuchliche Sekundärdominanten

Der II^{7} steht vorzugsweise vor dem $II-^{7}$ anstelle des $VI-^{7}$ in der VI II V I Kadenz. Die Folge lautet dann: II^{7} $II-^{7}$ V^{7} I^{maj7}. Er kann auch direkt in die Tonika gehen, was aber selten ist. Meistens steht er nach dem I Akkord, woran sich dann die Folge $II-^{7}$ V^{7} I^{maj7} anschließt (s. S. 16).

Die typische Position für den $\flat VII^{7}$ ist unmittelbar vor der I, z. B. in der Folge

I^{maj7}	IV^{maj7}	$\flat VII^{7}$	I^{maj7}
Tonika	Subdominante	Sekundärdominante	Tonika

Wie bei den beiden erstgenannten ließen sich auch für den II^{7} und den $\flat VII^{7}$ im Abstand des Tritonus alterierte Vertretungsdominanten finden ($\flat VI^{7}$alt. und III^{7}alt.). Diese sind jedoch ungebräuchlich, wenn man sie in Bezug auf den I Akkord verstehen wollte. Jedoch ist der III^{7}alt. mit direktem Bezug auf den IV^{maj7} möglich, was aber dem Verhältnis VII^{7}alt. I^{maj7} gleichkommt. Der $\flat VI^{7}$alt. ist bestenfalls denkbar in einer Folge, wie I^{maj7} $\flat VI^{7}$alt. $\flat II^{maj7}$ V^{7}alt. I^{maj7}, einem *turn-around,* in dem sich $\flat VI^{7}$alt. $\flat II^{maj7}$ wie V zu I verhalten.

Die vier Sekundärdominanten auf den Stufen IV, $\flat$II, $\flat$VII und II kommen mit einer gewissen Regelmäßigkeit vor. Und wie der Name nahelegt, kann eine Sekundärdominante niemals auf der V. Stufe stehen. In der Regel stehen $\flat II^{7}$ und $\flat VII^{7}$ *vor* und IV^{7} und II^{7} *nach* der Tonika. Es versteht sich, daß alle Sekundärdominanten Mixo$\sharp$11 als Skala haben.

Beispiele für die Verwendung von Sekundärdominanten

IV^{7}

z. B. an einer Stelle in STELLA BY STARLIGHT (Victor Young), $E^{\flat maj7}$ $A^{\flat 7}$ = I^{maj7} IV^{7} (s. auch BUNNY, Takte 1-4, S. 28):

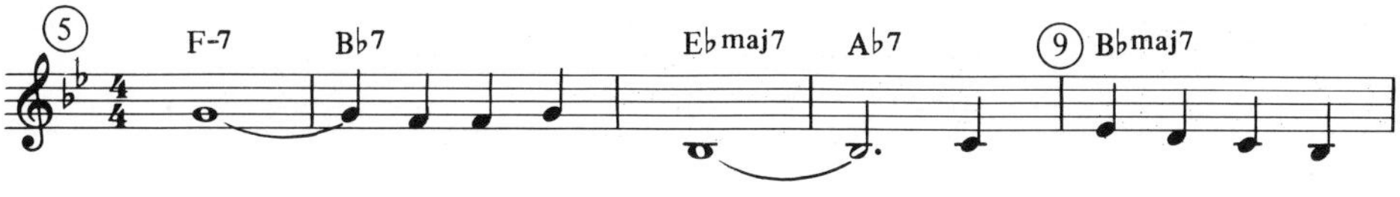

$A^{\flat 7}$ ist IV^{7} in Bezug auf $E^{\flat maj7}$. Man kann $E^{\flat maj7}$ zwar im Gesamtzusammenhang als IV^{maj7} verstehen, was für $A^{\flat 7}$ die Funktion $\flat VII^{7}$ (nämlich in Bezug auf den nachfolgenden Akkord) zur Folge hätte. Hier aber kann $E^{\flat maj7}$ wegen seiner Einführung durch den V^{7} durchaus als temporärer I Akkord gesehen werden, wodurch $A^{\flat 7}$ die Funktion IV^{7} hat.

$\flat II^{7}$

PENSATIVA

Bossa nova

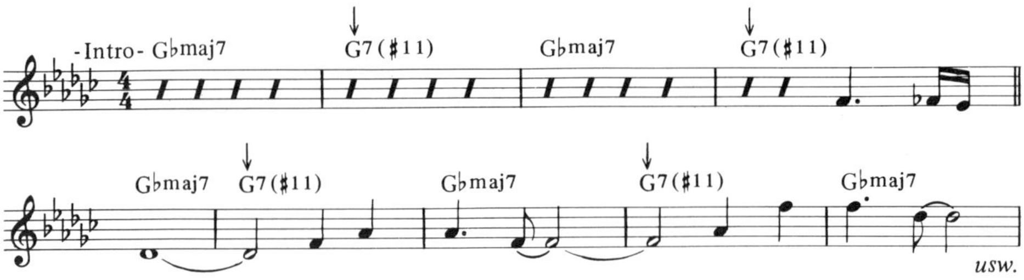

oder in der *bridge*

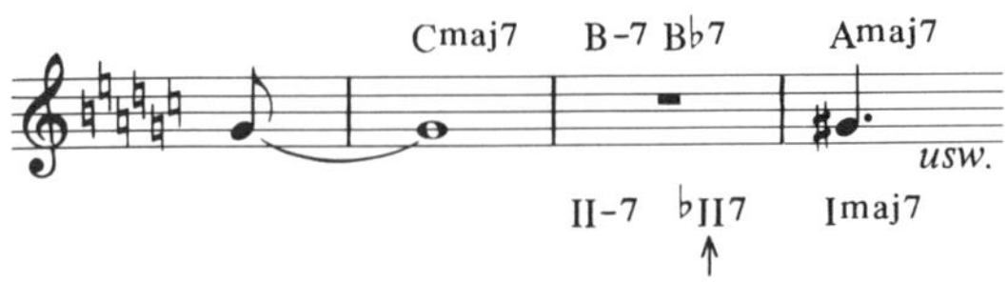

K: Clare Fischer. Originalverlag: Amestoy Music Inc./Broadcast Music Inc., New York

ONE NOTE SAMBA

Bossa nova

$E-^{7}$ $E\flat^{7}$ $= II-^{7}$ $\flat II^{7}$ von $D-^{7}$ $D\flat^{7}$
$D-^{7}$ $D\flat^{7} = II-^{7}$ $\flat II^{7}$ von C (die Auflösung in die Tonika C erfolgt am Ende des Stückes)

Die Verwendung des $\flat II^{7}$ in Verbindung mit dem $II-^{7}$, wie in diesem Beispiel und in der *bridge* des vorangegangenen, ist die wohl häufigste Erscheinungsform dieses Vertreters der Sekundärdominanten. Er fällt dem Ohr nicht besonders auf, da der chromatische Baßdurchgang als sehr glatt empfunden wird. Gelegentlich findet man die ♭5 statt der ♯11 angegeben, was jedoch falsch ist, da der alterierte Ton auf der 4. Stufe seiner Skala steht und die Quinte als reine Quinte erscheint.

C-BOP

medium fast Jazz

K: Axel Jungbluth. ·

Der ganze A-Teil wird von nur zwei Akkorden bestritten, dem ♭II^7 und dem I Akkord. In Takt 3 erscheinen fünf Töne der Mixo♯11–Skala: ♯11, 5, M6, –7 und 1, also ein Skalenausschnitt vom 4. bis zum 8. Ton. Dieses Beispiel zeigt deutlich, daß es falsch ist, den ♭II^7 Akkord mit der Chiffre ♭5 zu versehen. (Der Eindruck des Auf-der-Stelle-tretens wird im B-Teil ins Gegenteil verwandelt, wo nämlich die Akkorde der Takte 1 bis 6 (streng) dem Quintenzirkel folgen: E♭, A♭, D♭, F♯, B♮, E, A, D und G, also permanent modulieren.)

II^7

Die Sekundärdominanten, die im Abstand der M2 unterhalb (♭VII^7) und oberhalb (II^7) der Tonika stehen, haben klanglich den Charakter von Wechselakkorden. Der ♭VII^7 steht meistens vor der Tonika (sehr oft zusammen mit dem entsprechenden Moll^7 Akkord (IV–^{7}), mit dem er sich wie II–^{7} zu V^7 verhält), und der II^7 wird fast ausschließlich anstelle des VI–^{7} in der VI II V I Kadenz verwendet, so daß er nach dem I Akkord steht: I II^7 II–^{7} V^7 I. Darüber hinaus kommt er in der Funktion als Doppeldominante (DD) vor, also als V^7 V^7. Nicht üblich hingegen ist seine unmittelbare Auflösung in den I Akkord.

♭VII^7

MISTY

Ballad

K: Erroll Garner.

BUNNY

Bossa nova

In beiden Beispielen wird der $\flat VII^7$ Akkord in sehr ähnlicher Weise verwendet. In beiden Fällen geht ihm die Subdominante (S) voran, der $\flat VII^7$ selbst steht auf der Stufe der Doppelsubdominante (SS). In BUNNY lautet die betreffende Akkordfolge $A\flat^{maj7}$ $D\flat^{7\sharp 11}$ $E\flat^{maj7}$ (in der *bridge),*

die als IV^{maj7} $\flat VII^{7}$ I^{maj7} gesehen werden kann oder folgendermaßen:

$IV^{maj7 \text{ (als I)}}$ IV^{7} I^{maj7}
$= \flat VII^{7}$

oder mit Funktionsbezeichnungen (nur in Bezug auf die Stufenfolge, aber ohne Berücksichtigung der Klangstrukturen) S S_S T, also der Stufenfolge nach eine Doppelsubdominantkadenz (ohne Verwendung der Dominantfunktion).

In MISTY heißt die Folge $A\flat^{maj7}$ $A\flat^{-7}$ $D\flat^{7}$ $E\flat^{maj7}$. Zwischen S und S_S erscheint noch ein Mollseptakkord als Übergangsakkord, der mit dem $\flat VII^{7}$ ein II^{-7} V^{7} *pattern* bildet. Die Analyse lautet:

IV^{maj7} IV^{-7} $\flat VII^{7}$ I^{maj7}
$= II^{-7}$ V^{7}

II^{-7} und V^{7} verwenden zwar für gewöhnlich die Skalen Dorisch und Mixolydisch. Da aber in diesem Fall der $\flat VII^{7}$ I Bezug von vorrangiger Bedeutung ist, trifft Mixo♯11 als Skala zu, zumal auch häufig die ♯11 in der Melodie erscheint. Die II^{-7} V^{7} Wirkung wird hierdurch nicht getrübt, denn die Stufenverwandtschaft bleibt erhalten, und außerdem würde man ein II V pattern in einem noch so komplizierten harmonischen Umfeld immer heraushören[22].

Mixo♯11♭9

Eine weitere Dominantskala entsteht durch die Erniedrigung des 2. Tons in Mixo♯11. Sie erhält entsprechend die Bezeichnung Mixo♯11♭9, hat aber im Gegensatz zu Mixo♯11 immer V Funktion.

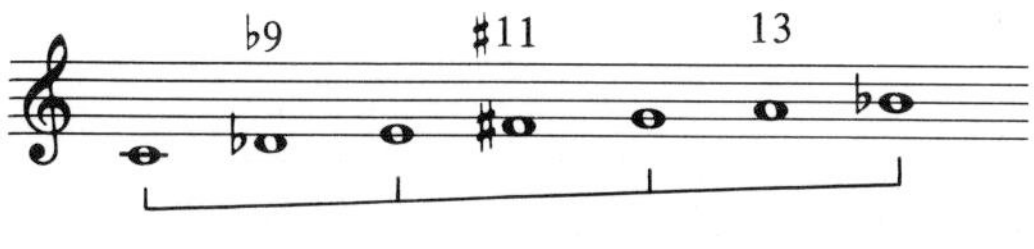

Sie enthält neben vier Elementartönen die Optionen ♭9, ♯11 und 13. Diese Dominante wird als $V^{7(\flat 9)}$ einer Dur-Tonika verwendet.

Merke also: $V^{7\flat 9}$ ⟶ Dur nimmt Mixo♯11♭9
$V^{7\flat 9}$ ⟶ Moll nimmt HM5

Um Verwechslungen zu vermeiden, mag man bedenken, daß der 6. Ton von Mixo♯11♭9, also die (gr.) 13, der M3 des Auflösungsakkordes (Tonika) entspricht, und daß die ♭13 in HM5 der gleiche Ton wie die –3 der Molltonika ist.

22) vgl. Erläuterung beim IV^{7}

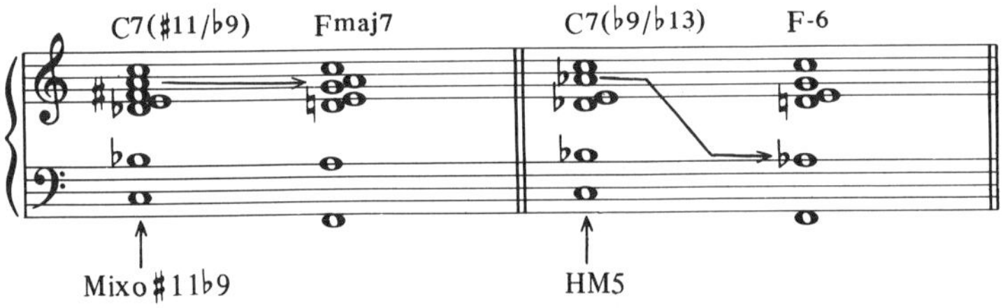

Wie das Mollbeispiel zeigt, soll aus dieser Merkhilfe aber nicht gefolgert werden, daß sich die 13 einer Dominantskala in die Terz der betreffenden Tonika aufzulösen habe.

Die letzten 8 Takte von

EASY LIVING

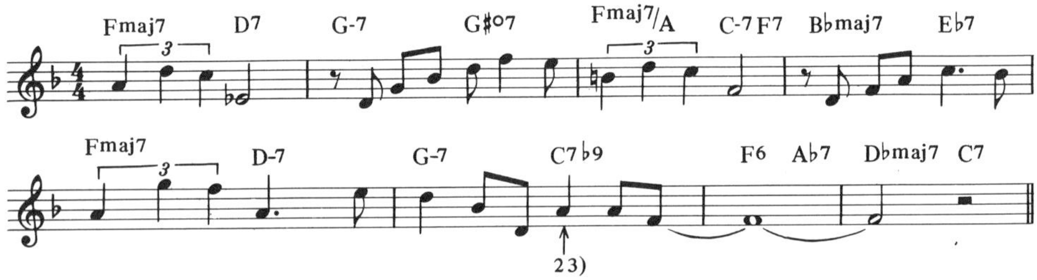

K: Lee Robin. Mit frdl. Genehmigung von Melodie der Welt J. Michel KG, Frankfurt/M.

Die Ganztonskala (GT)

Die Ganztonskala ist im Hinblick auf die folgende Betrachtung auf zweifache Weise darzustellen:

a)

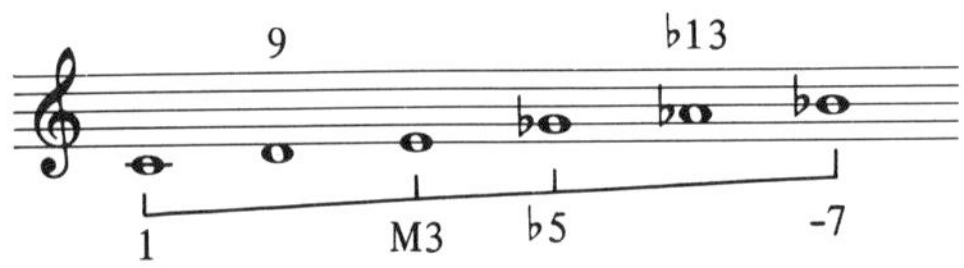

b)

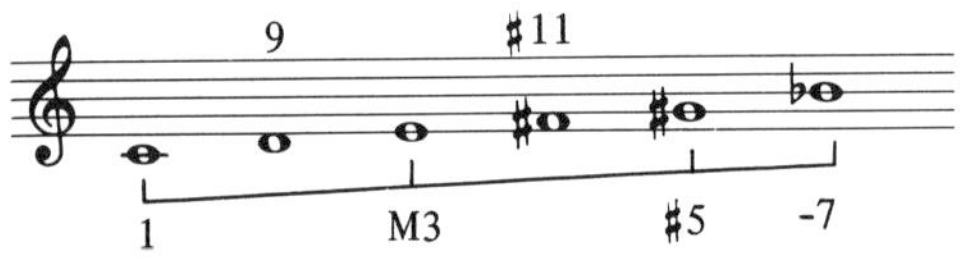

Version a) besteht aus dem Grundvierklang, jedoch mit verminderter Quinte; die Optionen sind 9 und ♭13.
Version b) hat statt der verminderten eine übermäßige Quinte und als Optionen 9 und ♯11.

23) Der Melodieton a (13 in C^7) zeigt, daß weder HM5 noch Alteriert in Frage kommt. Dieser spezielle V^7 Akkord tritt also an die Stelle des normalen mixolydischen V^7.

$C^{7(\flat 5)}$ und $C^{7(\sharp 5)}$[24] verwenden also die gleiche Skala. Die ♭5 und die ♯5 wurden zu Beginn des Kapitels Dominanten als fundamentale Alterationen bezeichnet. In diesem Begriff schwingt so etwas wie Abweichung von der Norm oder nachträgliche Veränderung mit. Den wirklichen $Dom^{7\flat 5}$ oder den $Dom^{7\sharp 5}$ gibt es selten, seltener zumindest als den $Dom^{7\sharp 11}$, der, wie schon erwähnt, häufig fälschlicherweise als $Dom^{7\flat 5}$ notiert ist.

Der hier behandelte Dominanttyp (mit ♭5 oder ♯5) wird entweder im Rahmen chromatischer Durchgänge oder als exponierte Klangfarbe eingesetzt und unterliegt nicht so sehr harmonisch-funktionalen Konsequenzen.

Besonders in der Schlagermusik, die teilweise mit Jazzharmonik arbeitet (die amerikanische jedenfalls), kommen diese beiden Akkorde vor, der mit ♯5 häufig ohne Septime, also als übermäßiger Dreiklang (wie im folgenden Stück). Überhaupt verwendet die Schlagermusik eher einfache und klare Klänge, die ihrer Angabe entsprechend verbindlich sind.

In melodisch-linearer Hinsicht ist der betreffende Ton (x) deutlich als ♭13-Funktion zu erkennen, denn als ♯5 müßte er ja als dis notiert sein.

Wie in diesem Beispiel muß es in vielen Fällen an solcher Stelle $V^{7(\flat 9/\flat 13)}$ heißen, zumal dann, wenn wie hier ein Mollakkord folgt.

In Zweifelsfällen gibt oft die Melodie die entscheidenden Hinweise zur eindeutigen Identifikation eines Akkordes, resp. einer Skala. Fehlen solche Hinweise, bleibt es eine Ermessensfrage, für welche Skala man sich entscheidet. Dieser Fall tritt zum Glück nicht so oft ein.

Schließlich kann man noch versuchen, etwa durch Unterlegen einer *Klischee-Linie* (stufenweise auf- oder absteigende Begleitstimme) oder durch sonstige, dem jeweiligen Fall entsprechend konstruierte Experimente charakteristische, d. h für die Klärung des Problems entscheidende Töne zu finden.

STELLA BY STARLIGHT

K: Victor Young. Mit frdl. Genehmigung von Melodie der Welt J. Michel KG, Frankfurt/M.

---

24) Oft auch als $+^{7}$ notiert, z. B. in STELLA BY STARLIGHT in Takt 17, wo man häufig den Akkord $G+^{7}$ angegeben findet:

Das gleichzeitige Vorhandensein der ♭9 in der Klischee-Linie weist den fraglichen Akkord klar als $G^{7(\flat 9/\flat 13)}$ aus.

Den gleichen Fehler findet man in Takt 24 von ALL THE THINGS YOU ARE (Jerome Kern):

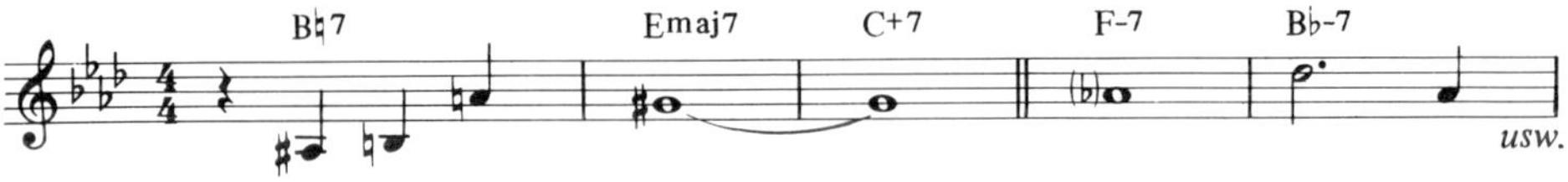

es muß aber heißen:

weil auch hier wieder ein Mollakkord folgt, wozu der fragliche Akkord dominantische Funktion hat.

Außerdem ergibt sich mit $C^{7(\flat 9/\flat 13)}$ eine gute Stimmführung in den inneren Stimmen:

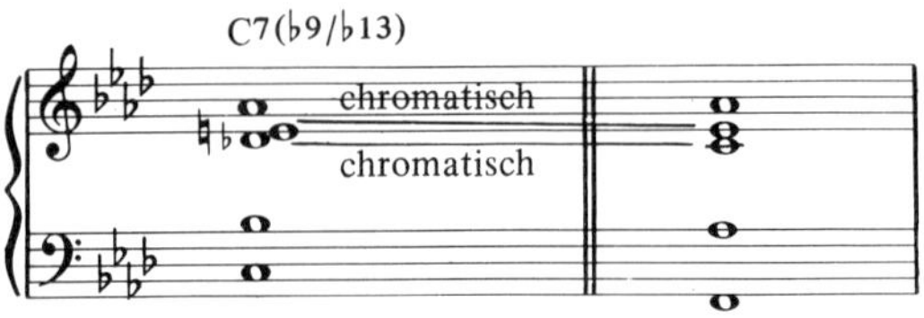

Die zweite und dritte Stimme gehen in Terzen parallel chromatisch abwärts.

Die Halbton-Ganztonskala (HTGT)

Die letzte in dieser Aufzählung und im funktionsharmonischen Sinne recht seltene Halbton-Ganztonskala

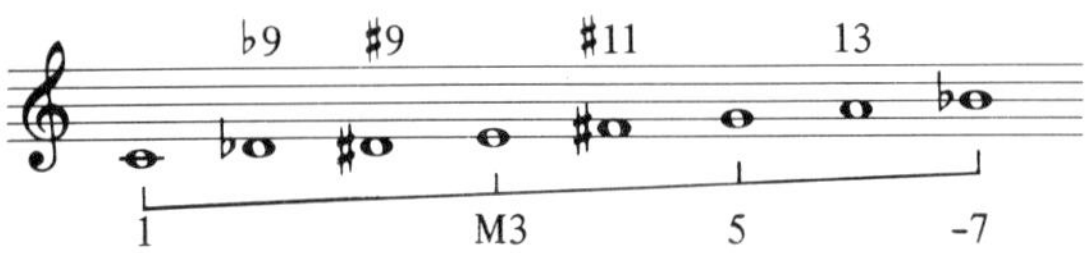

ähnelt der Alterierten Skala und Mixo♯11♭9.

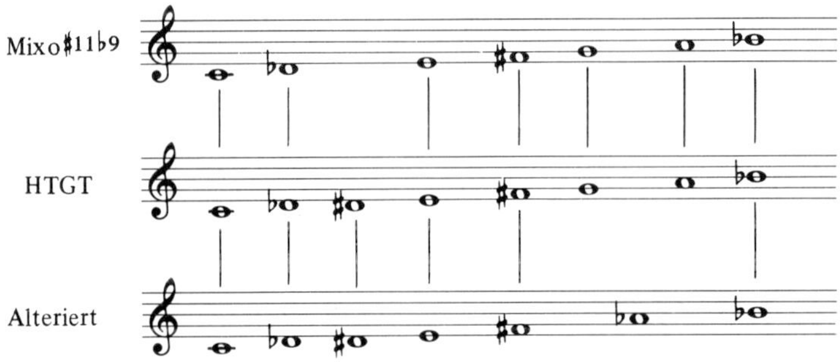

Man könnte meinen, daß durch das Vorhandensein von HTGT sich ein Einbeziehen von Mixo♯11♭9 erübrigte, da die Töne von Mixo♯11♭9 sämtlich in HTGT enthalten sind. Andererseits besteht eine allzugroße Übereinstimmung zwischen HTGT und Alteriert (1, ♭9, ♯9, M3, ♯4, –7), so daß es nicht ratsam scheint, Mixo♯11♭9 durch HTGT zu ersetzen, da hierdurch eine geringere Differenzierung zu Alteriert bestünde.

HTGT ist hingegen eine interessante Skala für lineare Zwecke. Wegen der sehr melodiösen Wirkung der abwechselnden Halb- und Ganztonschritte (bzw. Ganz- und Halbtonschritte bei Abwärtsbewegung) kann es reizvoll sein, diese Skala bei der Improvisation einzusetzen, indem man einfach an geeigneter Stelle die betreffende Dominante durch HTGT ersetzt, was als leichter Reharmonisationsvorgang anzusehen ist.

Neben den in diesem Kapitel aufgeführten Skalen gibt es noch Bedarfsskalen, sogenannte *composite scales*, die entsprechend den speziellen Tonerfordernissen konstruiert sind. Besonders bei der Verwendung von bitonaler Harmonik, wie im folgenden Stück, entstehen solche Tonreihen.

FLUCTUS

Die Skalen der 24 Akkorde sind folgende:

Takt 1 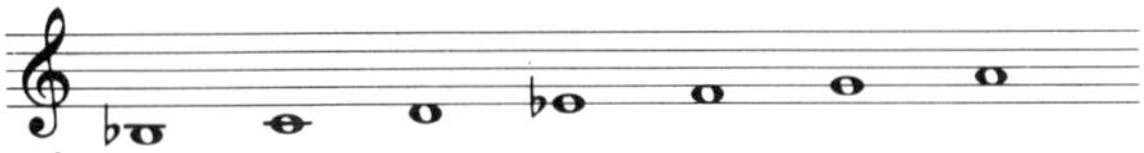 B♭ Ionisch

Takt 2  D HM5

Takt 3  G MMA

Takt 4 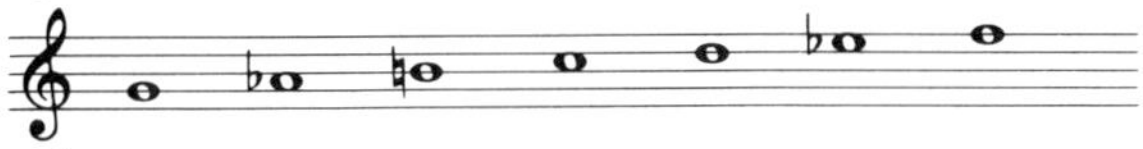 G HM5

Takt 5  C Aeolisch

Takt 6  1)

Takt 7 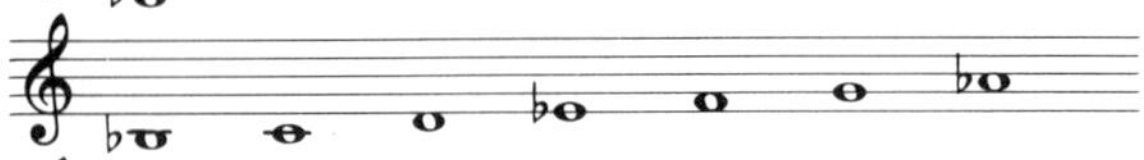 B♭ Mixolydisch

Takt 8  D Mixolydisch (quasi: A Dorisch)

Takt 9 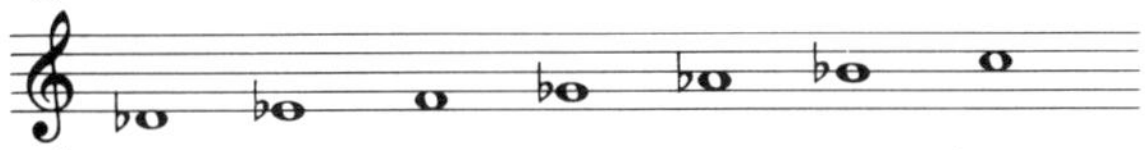 D♭ Ionisch

Takt 10  F HM5

Takt 11 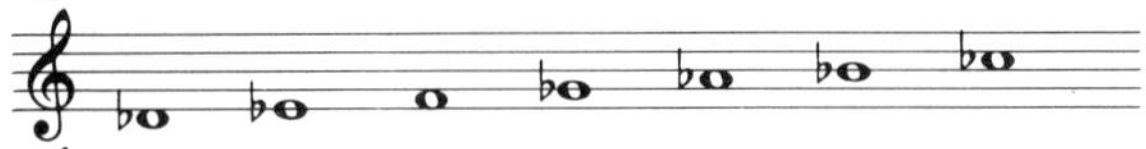 D♭ Mixolydisch

Takt 12  1)

Takt 13  1)

Takt 14  1)

Takt 15  E♭ Mixo♯11

Takt 16 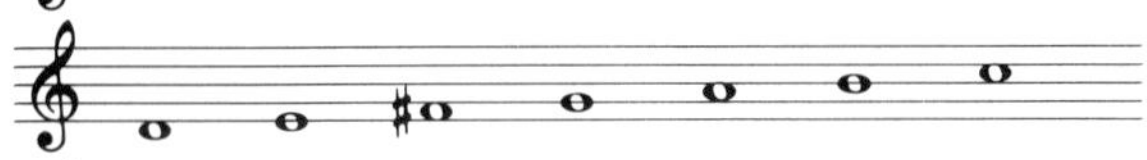 D Mixolydisch

Takt 17  A♭ Mixolydisch

Takt 18  2)

Takt 19 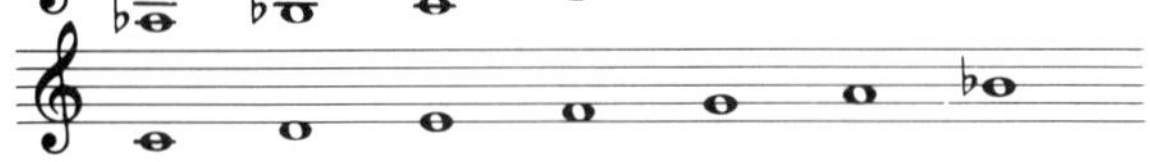 C Mixolydisch

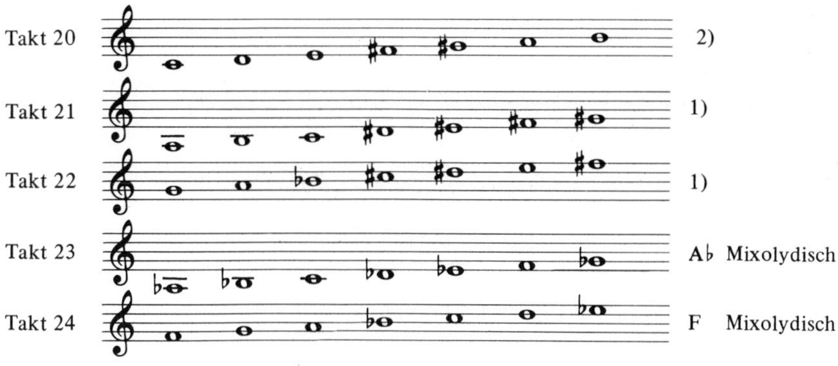

composite scales:
1) diese Bedarfsskala steht auf der 7. Stufe von Mixo♯11♭9
2) Dur mit ♯4 und ♯5, man könnte ihr den Namen Lydisch♯5 geben

4.3. Skalentabelle

Skalenname	*Intervallstruktur*	*Optionen*	*nicht verwendbare Akk.-Töne*	*Verwendung (Akkordfunktionen)*
Ionisch	1 M2 M3 4 5 M6 M7	6 maj7 9	4	I^{maj7} I^{6} etc.
Lydisch	1 M2 M3 ♯4 5 M6 M7	6 maj7 9 ♯11	–	IV^{maj7}
Mel.Moll↑ (MMA)	1 M2 –3 4 5 M6 M7	6 maj7 9	4	$I–^{6}$ $I–^{maj7}$ etc.
Mixolydisch	1 M2 M3 4 5 M6 –7	9 13	4	V^{7} nach Dur
HM5	1 –2 M3 4 5 –6 –7	♭9 ♭13	4	V^{7} nach Moll
Alteriert	1 –2 ♯2 M3 ♯4 –6 –7	♭9 ♯9 ♯11 ♭13	–	V^{7}alt. oder VII^{7}alt → Dur/Moll
Mixo♯11	1 M2 M3 ♯4 5 M6 –7	9 ♯11 13	–	$♭II^{7}$ IV^{7} $♭VII^{7}$ II^{7}
Mixo♯11♭9	1 –2 M3 ♯4 5 M6 –7	♭9 ♯11 13	–	$V^{7♭9}$ nach Dur
GT	1 M2 M3 ♯4 ♯5 –7	9 ♯11	–	$Dom^{7♯5}$
	oder 1 M2 M3 ♭5 –6 –7	9 ♭13	–	bzw. $Dom^{7♭5}$
HTGT	1 –2 ♯2 M3 ♯4 5 M6 –7	♭9 ♯9 ♯11 13	–	$Dom^{7(♯9/13)}$
Dorisch	1 M2 –3 4 5 M6 –7	9 11 (13)	(6)	$II–^{7}$ $X–^{7}$ [25]
Aeolisch	1 M2 –3 4 5 –6 –7	9 11	6	$VI–^{7}$
Phrygisch	1 –2 –3 4 5 –6 –7	11	2 u. 6	$III–^{7}$
Lokrisch	1 –2 –3 4 ♭5 –6 –7	11 ♭13	2	$II–^{7♭5}$
Lokrisch 9	1 M2 –3 4 ♭5 –6 –7	9 11 ♭13	–	$X–^{7♭5}$ [25] ggf. $II–^{7♭5}$
GTHT	1 M2–3 4♭5–6 M6 M7	9 11 ♭13 ♭15	–	X^{o7} = $Dim.^{7}$

25) X bezeichnet eine beliebige Stufe.

5. Analysen

5.1. Die gängigen patterns

Zu Beginn noch einmal eine zusammenfassende Aufzählung der wichtigsten bzw. häufigsten Akkordverbindungen *(patterns):*

1. $II-^{7}$ V^{7}
   Dorisch Mixolydisch
   Die mit Sicherheit häufigste Akkordverbindung mit normaler Auflösung in den I Dur-Akkord. Meistens aber kommt dieses pattern ohne den Auflösungsakkord vor.

2. $II-^{7}$ V^{7}alt.
   Dorisch Alteriert
   Variante von 1.
   Auflösung nach Moll möglich.

3. $II-^{7}$ $V^{7\flat9}$
   Dorisch Mixo♯11♭9
   Variante von 1.
   1. bis 3. sind *patterns* mit geforderter bzw. möglicher Auflösung nach Dur. Welcher der drei hier aufgeführten V Akkorde zu verwenden ist, entscheiden die in der Melodie vorkommenden Töne.

4. $II-^{7\flat5}$ $V^{7\flat9}$
   Lokrisch HM5
   Die normale II V Kadenz in Moll. In Ausnahmefällen kann statt Lokrisch auch Lokrisch 9 genommen werden.

5. $II-^{7\flat5}$ V^{7}alt.
   Lokrisch Alteriert
   Variante von 4., incl. Ausnahmefall. Der V^{7}alt. wird hier gelegentlich für einen Tongeschlechtwechsel benötigt, also für eine Auflösung nach Dur; entsprechend dem umgekehrten Fall, der bei 2. möglich war.

6. $II-^{7}$ (oder $II-^{7\flat5}$) $\flat II^{7}$
   Dorisch (Lokr.) Mixo♯11
   II V pattern (Dur oder Moll) mit chromatisch fallender Baßlinie.

7. $VI-^{7}$ $II-^{7}$ V^{7} (I)
   Aeolisch Dorisch Mixolyd. Ionisch
   „1625" oder „I got rhythm"-Kadenz. Volkstümlicher Charakter.

8. VI II V I Varianten
   In diesem pattern kann der V Akkord (wie 1.–3.) oder häufiger noch der $VI-^{7}$ ersetzt werden. Die üblichen Alternativen für den $VI-^{7}$ sind:

$\sharp I^{o7}$	GTHT
$\flat III^{o7}$	GTHT
II^{7}	Mixo♯11
VI^{7}	HM5 oder Alteriert
$\flat III^{7}$	Mixo♯11

Ebenso sind parallel verschobene Vorwegnahmen des II–^{7}, die dann ebenfalls dorisch sind, gebräuchlich: III–^{7},♭III–^{7}, ♯I–^{7}. Auch diese stehen anstelle des diatonischen VI–^{7}.

9. V^{7} → V^{7} → V^{7} → V^{7} → I

Eine Dominantkette im Quintenzirkel kann verschieden ausgelegt werden. Meistens nimmt man abwechselnd Mixo♯11 und Alteriert, und zwar so angeordnet, daß der letzte V^{7} (also die direkte Dominante vor dem I Akkord) ein V^{7} alt. oder als Ausnahme je nach Melodie auch normal Mixolydisch ist.

5.2. Das Analyseverfahren

Die Feststellung der Tonart geschieht nur der Vollständigkeit halber; denn die Kenntnis der Tonart ist meistens ohne Bedeutung für das Gelingen einer Analyse. Jazzstücke modulieren mehr oder weniger stark, so daß die Tonarten ohnehin wechseln.

Zunächst ist es also wichtig, die Tonzentren der verschiedenen vorkommenden Tonarten (Tonalitäten) ausfindig zu machen. Dies geschieht am besten, indem man den nächsten Tonika-Akkord aufsucht, der in den meisten Fällen ein Dur^{maj7}–Akkord ist.

Die Annahme, daß ein so gefundener Tonika-Akkord ein Tonzentrum sei, wird normalerweise durch das Vorangehen eines V^{7} oder einer entsprechenden Ersatzfunktion bestätigt. Ist dies nicht der Fall – was zum Glück selten ist –, so muß die Funktion des betreffenden Maj7–Akkordes durch andere Überlegungen ermittelt werden (s. Analyse-Beispiele).

Hat sich ein Maj7-Akkord (oder Moll^{6}, Dur^{6} usw.) als Funktion I erwiesen, wird der Umfang des tonalen Raums oder der kadenzielle Bereich untersucht, indem man vom Tonzentrum aus rückwärts geht. Für gewöhnlich begegnet man dann mehr oder weniger langen Kadenzen. Taucht ein Akkord auf, der nicht in das (die) übliche(n) Kadenzschema(ta) paßt, so wird durch den tonalitätsfremden Akkord die bis dahin untersuchte Kadenz abgegrenzt. (Das Auffinden eines I Akkordes bedeutet nicht unbedingt, daß man die erste aller vorkommenden Kadenzen ermittelt hat; es können einer solchen aufgelösten Kadenz einige „unfertige" vorangegangen sein.)

z. B.:

[26]

Der erste Tonika-Akkord(typ) ist der erste Akkord überhaupt: F^{maj7}. Eine Bestätigung der 1. Stufe durch den V^{7} findet nicht statt. Da aber die vorgezeichnete Tonart F-Dur ist und der harmonische Fortgang keine gegenteiligen Hinweise gibt (was natürlich keine Garantie bedeutet), kann man ruhig annehmen, daß dieser Akkord selbst Tonika ist. Der nächste Maj7–Akkord ist ebenfalls F^{maj7}, und hier beginnt nun der eigentliche Analysevorgang.

1. Wir nehmen an, F^{maj7} sei Tonika.
2. Wir finden die Bestätigung im vorangehenden C^{7} = V^{7}.
3. G–^{7} als II–^{7} paßt ebenso in das Kadenzschema.
4. Würde die Kadenz tonal weitergehen (in rückwärts gerichteter Betrachtungsweise, müßte der nächstvorhergehende Akkord D–^{7} heißen. D^{7} gehört wegen der Terz fis nicht in die Tonalität von F–Dur, somit nicht in den bisher untersuchten tonalen Raum.
   A–^{7} bildet mit D^{7} ein II–^{7}V^{7} *pattern,* von dem wir ja wissen, daß die Auflösung in den I Akkord oft ausbleibt. Diese Auflösung wäre normalerweise G^{maj7} gewesen, statt dessen geht es mit G–^{7}, dem II–^{7} Akkord der schon untersuchten Kadenz, weiter; d. h. grundtonmäßig

[26] Die Schrägstriche stellen Metrumseinheiten dar, also Grundschläge im Takt. Diese Symbolik entstammt der Notationspraxis für Gitarre, wenn Akkorde nicht ausgeschrieben, sondern chiffriert sind.

verläuft die Akkordprogression völlig normal im Sinne des Quintenzirkels. Man kann also sagen, daß D^7 V Funktion zu G^{-7} hat, und somit die erste (unvollendete) Kadenz in einen Akkord aufgelöst wird, der nicht in dem tonalen Zusammenhang, in dem er steht, sondern in einer gewissen funktionsmäßigen Entfernung von seinem Tonzentrum seinerseits Auflösungsakkord ist.

Die Funktionsformel für die zur Diskussion stehenden Akkorde lautet:

I^{maj7}	II^{-7} V^7	II^{-7} V^7	I^{maj7}
Tonalität: F-Dur	Tonalität: G-Dur	Tonalität: F-Dur	

Eine solche Folge mit verschiedenen II V patterns nennt man *harmonische Sequenz*.

Es gibt auch durchaus den Fall einer längeren Kette solcher Sequenzglieder, also

$II^{-7}V^7$ → $II^{-7}V^7$ → $II^{-7}V^7$ → $II^{-7}V^7$ ...... usw.

Die Pfeile, die von den V Akkorden auf die jeweils nachfolgenden II Akkorde gerichtet sind, bedeuten, daß der betreffende V Akkord tatsächlich die Funktion einer V. Stufe hat, jedoch nur bezüglich des Grundtons des nachfolgenden Akkordes (wie schon erläutert), daß also, da sich zwischen allen Sequenzgliedern jeweils Pfeile befinden, sämtliche Akkorde dieser Sequenzkette im Sinne des Quintenzirkels angeordnet sind.

In einem konkreten Beispiel:

$F\sharp^{-7}$ B^7 → E^{-7} A^7 → D^{-7} G^7 → C^{-7} F^7 → $B\flat^{maj7}$

Der Quintenzirkel ist allerdings keineswegs das alleingültige Regulativ harmonischer Sequenzen, andere Prinzipien oder auch freie Bezüge treten genauso häufig auf, wie das Beispiel SATIN DOLL zeigt:

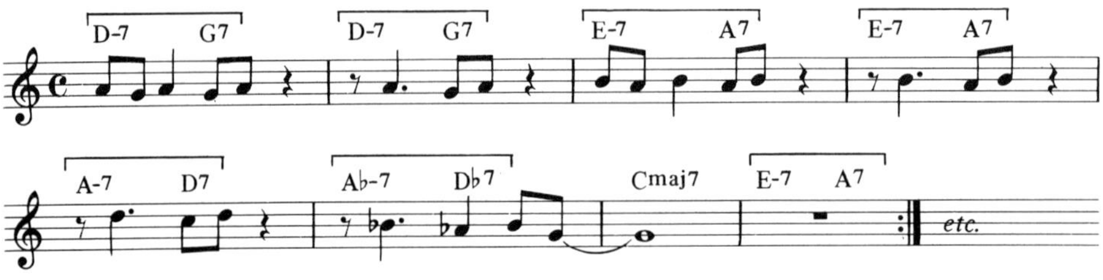

Während sich die II V patterns im Quintenzirkelablauf jeweils einen Ganzton abwärts schieben, ist hier beim ersten Tonalitätswechsel das Gegenteil der Fall: D–^{7} G^7 E–^{7} A^7.

Bei E–^{7} A^7 A–^{7} D^7 wird von A^7 der Grundton für den neuen II–^{7} übernommen. Das letzte Sequenzglied A♭–^{7} D♭^{7} steht einen Halbton tiefer als das vorangehende A–^{7} D^7. Somit liegen hier drei verschiedene Bezugsverhältnisse vor, von denen keines dem Quintenzirkelprinzip folgt.

5.3. Analysen

5.3.1.
ALL THE THINGS YOU ARE

Der erste auftauchende Maj7-Akkord ist $A\flat^{maj7}$ in Takt 4. Der V^7 Akkord ($E\flat^7$) davor bestätigt $A\flat^{maj7}$ als Tonzentrum. Weiter vorne finden wir $B\flat-^7$ als $II-^7$ und $F-^7$ als $VI-^7$ von $A\flat$; $D\flat^{maj7}$ in Takt 5 ist IV Akkord (Subdominante) derselben Kadenz. Das nachfolgende G^7 ist als Akkord der 7. Stufe von $A\flat$ nicht denkbar, somit erstreckt sich die erste Kadenz von $F-^7$ bis $D\flat^{maj7}$.

Nun muß eine neue Tonika gesucht werden. C^{maj7} ist der nächste Anhaltspunkt mit G^7 als Dominante (V^7), während das nachfolgende $C-^7$ nicht mehr in die C Dur Kadenz gehört. Also lautet die zweite Kadenz G^7 C^{maj7}.

Nächster Maj7-Akkord ist $E\flat^{maj7}$ in Takt 12. Bei näherem Hinsehen stellt man fest, daß diese Kadenz genauso abläuft wie die erste $VI-^7$ $II-^7$ V^7 I^{maj7}, jedoch mit dem Zentrum $E\flat$ (Takt 9–13).

G^{maj7} ist die nächste Tonika, denn es geht D^7 als Dominante voraus. Diese Kadenz scheint nicht der Regel zu folgen, denn $A-^{7\flat5}$ ist normalerweise II. Stufe von g-Moll, hier heißt es aber G^{maj7}.

Für eine solche Kadenz, die in Moll beginnt und in Dur endet, gibt es zwei Deutungsmöglichkeiten:

1. Der V Akkord ist alteriert und fungiert als Übergangsakkord zwischen Dur und Moll (oder auch umgekehrt).
2. Die Kadenz wird im Ganzen als Mollkadenz aufgefaßt, wobei nur der Finalakkord in variierender Weise als Durakkord erscheint. In der Musik des Barock war es ein beliebtes Klangmittel, Mollwerke in Dur enden zu lassen, was dieser Erscheinung hier in etwa entspricht. So enden z. B. alle Moll- Präludien und -Fugen aus dem „Wohltemperierten Klavier" von J. S. Bach auf Durakkorden (die immer I Funktion haben).

Die erste Version mit dem V^7alt. ist eleganter oder glatter als die zweite, das Einsetzen des alterierten Dominantseptakkords ist ja auch ein legitimes Mittel zur Tongeschlechtsänderung.

Die zweite Möglichkeit, Mollkadenz mit Dur-Finalakkord, ist auffallender, da der Schlußakkord nicht erwartet wird.

Es ist dem Interpreten (Improvisator oder Arrangeur) überlassen, sich für die eine oder die andere Möglichkeit zu entscheiden:

1.	$A-^{7\flat5}$	D^7alt.	G^{maj7}
	Lokrisch	Alteriert	Ionisch
2.	$A-^{7\flat5}$	$D^{7(\flat9/\flat13)}$	G^{maj7}
	Lokrisch	HM5	Ionisch

Die nächsten beiden Kadenzen lauten $A-^7$ D^7 G^{maj7} (normal Dur) und $F\sharp-^7$ B^7 E^{maj7} (ebenfalls normal Dur), also in beiden Fällen die Skalenfolge Dorisch – Mixolydisch – Ionisch. Diese beiden Kadenzen bilden eine harmonische Kadenz; das zweite Glied steht eine –3 unter dem ersten.

Die nächste Tonika ist $A\flat^{maj7}$, und diese $A\flat$-Kadenz ist die gleiche wie am Anfang des Stücks. Das $C^{7(\flat9/\flat13)}$ in Takt 24 hat, wie das Akkordsymbol schon erkennen läßt, HM5 als Skala. Es folgt ein Mollakkord ($F-^7$), der selbst nicht I Funktion hat, aber dennoch als Orientierungspunkt (Moll) für den vorangehenden Dominantakkord gültig ist.

Merke also:
Der $V^{7(\flat9/\flat13)}$ muß sich nicht unbedingt in den I Mollakkord (Tonika) auflösen; Bedingung ist nur, daß der Bezugsakkord Moll ist und der V I Bezug zwischen dem Dominant- und dem Mollakkord gegeben ist.

Wieder zurück zur $A\flat$ Dur Kadenz, Takt 25–29. Sie wird gefolgt von $G\flat^7$. $G\flat^7$ ist, bezogen auf $D\flat^{maj7}$, ein IV^7 (Sekundärdominante), obschon $D\flat^{maj7}$ als Bezugsakkord selbst ja nicht I Funktion hat, sondern Subdominante (IV^{maj7}) in der $A\flat$ Kadenz ist. Würde man $G\flat^7$ auf die wahre Tonika ($A\flat^{maj7}$) beziehen wollen, hätte es die Funktion $\flat VII^7$, was dem ersten Ergebnis nicht widerspricht; denn beide Akkorde, IV^7 und $\flat VII^7$, haben als Sekundärdominante Mixo♯11 als Skala.

Die Zusammenhänge in der folgenden Akkordreihe wurden bereits im Rahmen der Hinweise zum Analysierverfahren erläutert:

	$C-^7$ F^7	$B\flat-^7$ $E\flat^7$	$A\flat^6$
=	$II-^7$ V^7 ↷	$II-^7$ V^7 ↷	$I^{(6)}$
	Dor. Mixol.	Dor. Mixol.	**Ion.**

5.3.2.
GIANT STEPS

Dieses Stück scheint beim ersten Anhören recht kompliziert zu sein, denn ständige Modulationen vollziehen sich im raschen Wechsel, aber schließlich erweist es sich doch als leicht zu analysieren.

Die fehlenden Generalvorzeichen bedeuten nicht C-Dur, sondern „neutral": es herrscht keine bestimmte Tonart vor. Dies ist üblich bei Stücken, die entweder stark modulieren, ober bei denen ein zentrales Tonartgefühl unwichtig ist.

Der erste Akkord kann als Tonika anerkannt werden, da im letzten Takt das dazugehörige $II-^7$ V^7 pattern erscheint. Das Wiederholungszeichen, das man sich am Schluß denken muß, deutet die vollständige Kadenz an.

Nach B^{maj7} kommt D^7 als V^7 mit der Auflösung nach G^{maj7} und ebenso $B\flat^7$ mit Tonika $E\flat^{maj7}$. $A-^7$ D^7 G^{maj7} stellt die nun wohlbekannte II V I Kadenz dar, und wenn man den Rest des Stückes überfliegt, stellt man fest, daß ausschließlich V I und II V I Kadenzen vorkommen. Und trotz der ständigen Modulation sind im ganzen Stück nur drei Tonzentren vorhanden, nämlich E♭, G und B♮, deren Grundtöne miteinander einen übermäßigen Dreiklang bilden. Man kann also sagen: die Harmonien kreisen um drei feste Eckpunkte, die zueinander den gleichen Abstand haben.

In der Melodie kann eine interessante Beobachtung gemacht werden: die vier Töne in Takt 1 und 2 und in Takt 4 und 5 bilden jeweils einen Maj7 Akkord, der in dem Stück ziemlich häufig vorkommt, da die Kadenzen immer sehr kurz und vollständig (d. h. mit Auflösungsakkord) gebildet sind. Und zufälligerweise sind die beiden melodischen Maj7 Akkorde identisch, nämlich G^{maj7} und $E\flat^{maj7}$. Lauter Zufälle?

5.3.3.
A NIGHT IN TUNESIA

Intro[27]: Baß-Ostinato

27) Abkürzung für engl. introduction = Einleitung.
28) interlude = Zwischenspiel

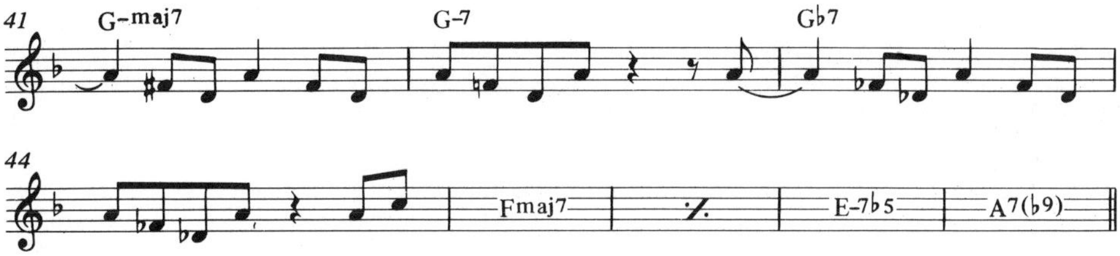

K: John „Dizzy" Gillespie. Originalverlag: Leeds Music Corp. Für Deutschland, Österreich und die Schweiz: MCA Music GmbH, Köln

Tonart ist d-Moll. Die beiden Akkorde des *intros* bestreiten auch den größten Teil des A-Teils des Themas: $E\flat^7$ $D{-}^6$, also $\flat II^7$ $I{-}^6$. $E\flat^7$ ist die Vertretung (Sekundärdominante) von A^7alt. $D{-}^6$ ist I Akkord, und die Skalen der beiden Akkorde sind Mixo♯11 und MMA. Nach dreimaliger Verwendung dieser beiden Akkorde im Thema stehen in Takt 7 und 8 (in der Wiederholung 15 und 16) die Akkorde $E{-}^{7\flat5}$ A^7 $D{-}^6$. $E{-}^{7\flat5}$ erweist sich rasch als $II{-}^{7\flat5}$ von $D{-}^6$, welches selbst dann I Akkord ist. Der V^7 Akkord (A^7) bedarf, wie sich auch hier zeigt, besonderer Aufmerksamkeit, denn sowohl in Dur als auch in Moll gibt es mehr als nur eine Möglichkeit für den V Akkord. Der Melodieton es kann ♭5 oder (als dis) ♯11 sein, wodurch HM5, die normalerweise hier gültige Skala, ausgeschlossen ist. Zweite Möglichkeit ist A^7alt. Der Melodieton es müßte dann als dis gesehen werden[29]. Eine weitere Möglichkeit wäre, in es und cis die Töne ♭5 und M3 der Skala A–GT zu sehen. Die Ganztonskala läßt sich, wenn man will, noch um zwei weitere Töne in den Bereich des vorangehenden Akkordes zurückverfolgen, was natürlich überhaupt nichts beweist, sondern nur Vermutungen bestärken könnte.

Es scheint sich hier wirklich um einen nicht eindeutigen Zusammenhang und somit um einen Ermessensfall zu handeln.

Die *bridge* beginnt mit einer Mollkadenz mit $G{-}^6$ als Tonika. Der Blick auf die Melodietöne im zweiten Takt gibt keinerlei Hinweise auf etwas anderes als HM5. Danach schließt sich sequenzartig (einen Ganzton tiefer) die gleiche Kadenz an, jedoch mit Endung auf einer Dur-Tonika. Diese (relativ häufige) Ausnahmeerscheinung wurde im Zusammenhang mit der Analyse des ersten Stückes, ALL THE THINGS YOU ARE, erläutert. Die Skalen heißen also: Lokrisch – HM5 – Ionisch.

$E{-}^{7\flat5}$ und $A^{7\flat9}$ leiten als normales II V Moll pattern zurück zum Anfang. Der Finalakkord erscheint aber erst im zweiten Takt. Dazwischen tritt verzögernd (in Takt 1) die $\flat II^7$ Dominante des $D{-}^6$, wie schon zu Beginn festgestellt.

Die Akkorde im *interlude* haben z. T. kadenzielle Funktion: einige sind rein klangfarblich zu werten, da sie durch Tonverschiebungen in der Melodie zustande kommen.

---

29) Melodietöne sollen melodisch sinnvoll, also nach linearen Gesichtspunkten, im Sinne der guten melodischen Lesbarkeit notiert werden, auch wenn der in diesem Sinne notierte Ton im Widerspruch zur betr. Akkordtonfunktion steht. Die Schreibweise der Töne es und cis ist hier vom melodischen Standpunkt richtig, denn sie fungieren als chromatische Annäherungen (chromatic approaches) an den Zielton d, eine melodische Wendung, die (auch umgekehrt) recht beliebt ist.

Die ersten drei Akkorde, E–$^{7\flat5}$ E♭^{7} D–^{6}, stellen eine Mollkadenz mit Vertretungsdominante (♭II^{7} = *chromatic approach)* dar. In scheinbar gleicher Weise läuft die Progression in den Takten 42–45/46 ab. Die Stufenfolge entspricht dem zuvorgenannten Zusammenhang, jedoch enthält die Melodie bei G♭^{7} die ♯9, da die Melodie des ganzen interludes aus Brechungen verschiedener Dreiklänge besteht, die aber immer mit dem gleichen Ton a beginnen, welcher hier zu einer ♯9 führt. Da aber außerdem in der Melodie die reine Quinte vorkommt, ist hier als einzige Möglichkeit die Skala HTGT zu wählen. Würde man G♭^{7} (♭II Stufe) in einen V^{7} Akkord bei unverändertem Baßton „zurückverwandeln", müßte dieser als C$^{7(\flat9)}$/F♯ chiffriert werden. Die auffälligen Töne ♭9 (des) und ♯11 (fis) würden Mixo♯11♭9 als Skala vermuten lassen. Und tatsächlich gleichen sich C Mixo♯11♭9 und G♭ HTGT bis auf das Fehlen des es (dis) in der C-Skala, worin dieser Ton die ♯9 sein könnte; und nähme man diesen Ton in die Skala auf, so würde aus C Mixo♯11♭9 C HTGT entstehen.

Da sich der Improvisator an dieser Stelle kaum in Interpretationskonflikte gestürzt sähe – denn manche in der Improvisation vorkommenden Töne können (wenn es wie hier Alternativen gibt) oft nicht mit eindeutiger Klarheit als leitereigen oder chromatisch deklariert werden –, wäre eine solch detaillierte Untersuchung, zumindest in diesem Fall, nicht erforderlich.

Die noch verbleibenden Akkorde G^{7} und G–^{maj7} bereiten weniger Kopfzerbrechen. G^{7} erscheint hier als IV^{7} (wie so häufig bei dieser Sekundärdominante) n a c h dem Bezugsakkord: der Tonika D–^{6}. Die Hypothese, es handele sich bei dieser Skala um Mixo♯11, wird einmal durch das Vorhandensein der ♯11 in der Melodie (der Ton a) und zum anderen durch die Tatsache gestützt, daß Mixo♯11 auf der IV. Stufe von MMA, eben der Skala des Bezugsakkordes D–^{6}, gebildet wird.

Die Skala für G–^{maj7} ist zweifellos MMA, obschon zu überlegen wäre, ob nicht in diesem Fall eine Bedarfsskala *(composite scale),* etwa MMA♯11, die das Pendant zu MMA (entsprechend Lydisch zu Ionisch) wäre, ersatzweise angewandt werden könnte. Eine solche Interpretation könnte durch die Möglichkeit begründet sein, den Ton cis als Pedal von Takt 35 (E♭^{7}) bis Takt 41 (G–^{maj7}) zu verwenden. Ohne einen solch praktischen Effekt wäre ein derartiges In-Frage-Stellen der normal gültigen Skala allerdings bloße Haarspalterei.

Der folgende Fall soll zeigen, daß sich allzu rasche Schlüsse als falsch erweisen können:

5.3.4. THE GIRL FROM IPANEMA

K: Antonio Carlos Jobim. Rechte für Deutschland, Österreich und die Schweiz bei MCA Music GmbH, Köln

Der A–Teil hat als Akkordfolge eine VI II V I Variante:

F^{maj7}	G^7	G^{-7}	C^7	F^{maj7}
I	II^7	II^{-7}	V^7	I
Ionisch	Mixo$\sharp$11	Dor.	Mixol.	Ionisch

Das nachfolgende $G\flat^7$ leitet zurück nach F^{maj7} und hat somit die Funktion $\flat II^7$, deren Skala Mixo$\sharp$11 ist.

Die *bridge* beginnt mit $F\sharp^{maj7}$, einer frei eintretenden Tonika, was am Anfang eines Formteils durchaus üblich ist. Die nächste Tonika, nach der wir routinemäßig suchen, erscheint aber erst in Takt 1 des A-Teils. Dies würde bedeuten, daß, wie es sehr häufig vorkommt, die Akkorde in den letzten beiden Takten des B-Teils (G^{-7} C^7) zu dieser Tonika am Beginn des Stückes die Funktion II^{-7} V^7 hätten und ihre Skalen somit Dorisch und Mixolydisch sein müßten. Störend bei dieser Betrachtungsweise ist der Melodieton fis im letzten Takt. Da diese $\sharp$11 in Mixolydisch leiterfremd ist, kämen evtl. Mixo$\sharp$11$\flat$9 oder Alteriert als Skalen für C^7 in Frage. Im Takt D^7 vor G^{-7}, dem Parallelfall, gibt es neben der $\sharp$11 noch die reine Quinte in der Melodie, was Alteriert (jedenfalls für den ganzen Takt) ausscheiden läßt. Es kommt zwar gelegentlich vor, daß sich ein solcher Takt in Mixolydisch und Alteriert aufteilt, oder wie in diesem Fall in umgekehrter Reihenfolge. Die nachfolgenden Überlegungen werden aber zeigen, daß weder Mixo$\sharp$11$\flat$9 noch die Kombination Mixol./Alt. zutreffen.

Beginnen wir bei $F\sharp^{maj7}$, der frei eintretenden Tonika, die zur Abwechslung nicht durch ihren V^7 bestätigt wird, sondern vom nachfolgenden IV^7, der Sekundärdominante, von der wir ja wissen, daß sie meistens nach der Tonika erscheint. Danach scheint die Analyse schwierig zu werden; denn die nun folgenden $Moll^7$ und $Dom.^7$ Akkorde stehen bis auf die letzten beiden Akkordpaare in keiner bis jetzt bekannten Relation zueinander; aber hier soll ja der Normalfall angezweifelt werden.

Machen wir also folgende Experimente:

1. Der Melodieton eis im ersten Takt ($F\sharp^{maj7}$) soll vier Takte lang als Diskantpedal gehalten werden. Dann ist das eis die $\sharp$11 des nachfolgenden B^7, welches wir ohnehin schon als Sekundärdominante bestimmt haben.
   Der Melodieton gis des $F\sharp^{-7}$ wird im nachfolgenden D^7, als wieder viertaktiges Diskantpedal ebenfalls zur $\sharp$11; desgleichen der Ton a im nachfolgenden $E\flat^7$.
   All dies beweist noch nichts, aber man wird immerhin feststellen, daß der übergehaltene Pedalton in allen drei Fällen klanglich gut paßt.
2. Die Folgen $F\sharp^{-7}$ D^7 und G^{-7} $E\flat^7$ vollziehen sich in gleicher Weise.
   Wenn man nun $F\sharp^{maj7}$ in $D\sharp^{-7}$ umwandelt – was durchaus legitim ist, da $D\sharp^{-7}$ Tonikaparallele (Trugschluß) ist –, so erhält man bei den ersten beiden Akkordtönen die gleiche Progression wie bei den eben erwähnten Akkordpaaren, d. h. es entsteht eine harmonische Sequenz, deren drei (natürlich gleiche) Glieder aus je einem Mollsept- und einem Dominantseptakkord bestehen, die zueinander jeweils im Abstand der kleinen Sext (oder, wenn man will, der großen Terz) stehen. Dies ist nicht von harmonischer Bedeutung, es zeigt nur, daß es sich hier um einen regelmäßigen Sequenzablauf handelt.

Wenn nun – und dies ist der entscheidende Punkt unserer Überlegung – der erste Mollseptakkord ($D\sharp^{-7}$) ein VI^{-7} ist, so sind es die anderen auch.

Macht man nun den umgekehrten Versuch und wandelt die drei betreffenden Mollseptakkorde (jeweils als $VI-^{7}$ gesehen) in die relativen I^{maj7} Akkorde um, entsteht die Folge

$F\sharp^{maj7}$	B^{7}	A^{maj7}	D^{7}	$B\flat^{maj7}$	$E\flat^{7}$
I^{maj7}	IV^{7}	I^{maj7}	IV^{7}	I^{maj7}	IV^{7}
Ionisch	Mixo ♯11	Ionisch	Mixo ♯11	Ionisch	Mixo ♯11

Diese beiden Experimente sind wohl hinreichender Beweis, daß die Akkorde B^{7}, D^{7} und $E\flat^{7}$ alle die Funktion IV^{7} haben. Außerdem hat sich herausgestellt, daß die dazugehörenden drei Mollseptakkorde aeolisch, also $VI-^{7}$ sind.

3. Wollen wir die nächsten beiden Mollseptakkorde ebenso als $VI-^{7}$ ansehen und durch die entsprechenden I^{maj7} Akkorde ersetzen, lauten dann die letzten vier Takte der *bridge:*

C^{maj7}	D^{7}	$B\flat^{maj7}$	C^{7},	also
I^{maj7}	II^{7}	I^{maj7}	II^{7},	also
Ion.	Mixo♯11	Ion.	Mixo♯11	

Damit wäre auch das Rätsel der Melodietöne im letzten und drittletzten Takt geklärt.

Zugegebenermaßen ist die Annahme, diese letzten beiden Dominanten seien $V^{7(\flat 9\sharp 11)}$, immer noch gerechtfertigt; dennoch ist die Version der fünfgliedrigen Sequenz (des gesamten B-Teils) als Alternative durchaus bedenkenswert, da jedes der fünf Glieder aus einem aeolischen Mollsept- und einem sekundären Dominantseptakkord besteht, also ein Prinzip vorherrscht.

Die Frage, wie weit solche Akribie bei der harmonischen Analyse praktischen Nutzen hat, ist sicher berechtigt. In der Improvisation, in der diatonische und chromatische Töne gleichermaßen, wenn auch in wohl bedachter Weise verwendet werden, würde man wohl kaum merken, ob im letzten Akkord (C^{7}) Mixo♯11 oder Mixo♯11♭9 als diatonisches Grundmaterial gedient hat. Beim Improvisieren steht schließlich doch der melische Aspekt rangmäßig über der absoluten Harmonietreue. Beim Aussetzen von mehrstimmigen Sätzen ist die Wahl der „richtigen" Skala von größerer Bedeutung, zumal man sich schon rein äußerlich zu einem der beiden Töne, die etwa den Unterschied zwischen zwei Skalen ausmachen, bekennen muß. Ferner kann das Erkennen solcher Prinzipien, wie dem der harmonischen Sequenz, beim Arrangieren oder Komponieren darüber hinaus die Bedeutung eines motivischen Materials bekommen.

Im folgenden Stück soll die Modulation durch frei eintretende $II-^{7}$ V^{7} patterns sowie die Bildung von Oberstrukturdreiklängen demonstriert werden.

5.3.5.
HAPPINESS IS ...

Jazz-Waltz

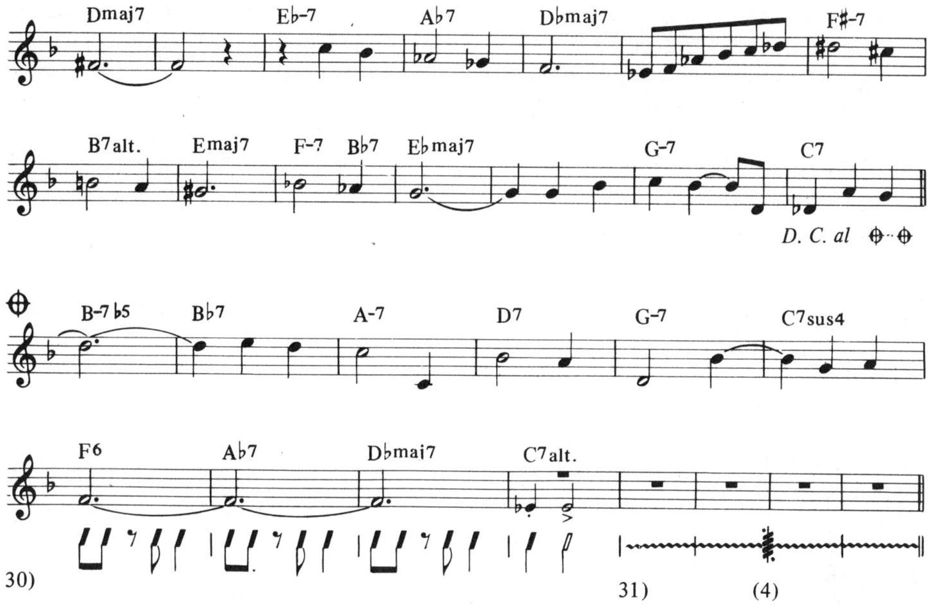

K: Axel Jungbluth. © B. Schott's Söhne, Mainz 1980

Zunächst die gesamte Analyse:

Das F^{maj7} im ersten Takt ist mit Sicherheit Tonika (I), denn im letzten Takt steht der dazugehörige V^7 Akkord. Nächster Maj7 Akkord ist A^{maj7} in Takt 9, eingeleitet durch $B-^7$ E^7alt. ($II-^7$ V^7alt.), somit auch eine Tonika. $A-^7$ und $D-^7$ sind nicht problemlos einzuordnen. Mit Sicherheit sind die beiden Akkorde nicht dorisch; denn das Melodie-f in $A-^7$ sowie das b in $D-^7$ sind jeweils kleine Sexte. Im Hinblick auf die diatonische Durkadenz könnten hier die Skalen Phrygisch und Aeolisch angenommen werden, die ja beide die kleine Sexte enthalten. Wären nun die nachfolgenden Akkorde $G-^7$ C^7 F^{maj7}, würden diese ersten acht Takte durch eine lange Kadenz ($III-^7$ $VI-^7$ $II-^7$ V^7 I^{maj7}) mit dem Tonzentrum F, also dem der Ausgangstonart, beschlossen. Hier wird aber über einen $II-^7$ V^7 [32] einer anderen Tonart moduliert, d. h. nach $A-^7$ und $D-^7$ ($III-^7$ $VI-^7$) geht es zwar mit II V I Akkorden weiter, aber diese Akkorde gehören einer anderen Tonart an. Mitten in der Kadenz wurde (unter Vortäuschung der Norm) die Tonalität gewechselt. Modulationen wie diese, mit frei einsetzendem $II-^7$ V^7 sind sehr gebräuchlich (vgl. SATIN DOLL (D. Ellington), DOLPHIN DANCE, (H. Hancock), MOMENTS NOTICE (J. Coltrane). Finalakkord (Tonzentrum) ist A^{maj7} in Takt 9. Die nächste Tonika ist $G\flat^{maj7}$, vor-

30) In der Schlußzeile erscheint die Melodie im Notenliniensystem und darunter ein Rhythmus für die Begleitinstrumente. Diese Art der mehrschichtigen Information entspricht dem Charakter des lead-sheets: Es soll als Vorlage für alle Instrumente (Melodie-, Harmonie- und Rhythmusinstrumente) dienen können.

31) Soll eine größere Anzahl von unmittelbar vorangegangenen Takten wiederholt werden, kann dies durch eine Schlangenlinie, die sich durch die gleiche Anzahl von Leertakten zieht, angezeigt werden. Auf dem Taktstrich, der die zu wiederholende Strecke in zwei Hälften teilt, steht das Wiederholungszeichen, das durch eine entsprechende Menge von Schrägbalken und evtl. durch die entsprechende (darüber oder darunter gesetzte) Zahl noch einmal die Länge des zu wiederholenden Stücks – d. h. die Zahl der Takte – angibt.

32) Im Fachjargon sagt man „der Zweimollsieben-Fünfsieben", also als Singular, da man dieses Akkordpaar als *harmonische Einheit* ansieht.

bereitet durch D♭^{7} (V^{7}), und in gleicher Weise verstehen sich B♭^{7} E♭^{maj7} und A♭^{7} D♭^{maj7}. C^{7} führt schließlich wieder zurück zum Anfang. Dieser ganze Vorgang des ständigen Modulierens mit abschließender Rückführung in die Ursprungstonart heißt mit dem englischen Fachwort *turn-around,* im Deutschen würde man Scheinmodulation sagen. Die Rückführung am Ende des *turn-around* heißt *turn-back.*

Der Mittelteil ist relativ einfach zu analysieren, es wird immer der gleiche Kadenztyp verwendet: II–^{7} V^{7}alt. I^{maj7}. Diese Akkordfolge animiert geradezu zur Bildung von parallelen Oberstrukturdreiklängen:

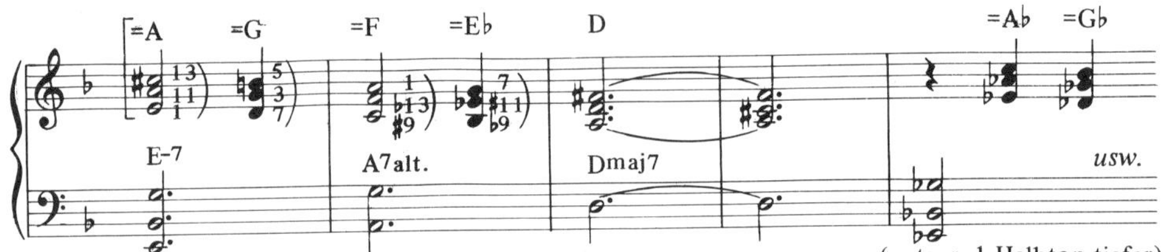

(vgl. auch ON GREEN DOLPHIN STREET/Bronislav Kaper)

Die beiden letzten Takte sind G–^{7} und C^{7}. Im C^{7} Takt weist die Melodie ein des auf, was bedeutet, daß die Skala für C^{7} Mixo♯11♭9 sein muß (V$^{7\flat 9}$ in Dur).

In der Coda lauten die Akkorde bis zur nächsten Tonika B–$^{7\flat 5}$ B♭^{7} A–^{7} D^{7} G–^{7} C^{7}sus4 F^{6}.

Die letzten drei Akkorde bilden eine (fast) normale II V I Kadenz, nur mit der Besonderheit, daß der V^{7} als V^{7}sus4 erscheint, der ja auch Mixolydisch als Skala hat. Zusammen mit dem vorangehenden II–^{7} V^{7} (A–^{7} D^{7}) ergibt sich folgendes Bild:

II–^{7} V^{7}	II–^{7} V^{7}sus4	I
also: Dorisch Mixolydisch[33]	Dorisch Mixolydisch	Ionisch

Dieser harmonischen Sequenz mit zwei nicht ganz gleichen Gliedern geht in Form einer weiteren Variante ein drittes Sequenzglied voran: B–$^{7\flat 5}$ B♭^{7}. Ebenfalls ein II V Gebilde, denn B♭^{7} ist als ♭II Vertreter von E^{7}alt. zu sehen. Daß dieses eigentlich ein Moll-pattern ist, kümmert wenig; denn der nachfolgende Akkord (A–^{7}) ist ja schließlich ein Mollakkord, der zwar selbst nicht Tonika ist, aber für den oder die vorangehenden Akkorde als Bezugspunkt wie eine „I" betrachtet wird. Der Ungleichheit der drei Sequenzglieder steht die Regelmäßigkeit der Progression gegenüber. Die Akkorde durchlaufen von B–$^{7\flat 5}$ bis F^{6} den Quintenzirkel (bei B♭^{7} zumindest potentiell).

Die Schlußfloskel (F^{6}) A♭^{7} D♭^{maj7} C^{7} alt. ist ein kurzer turn-around: die scheinbare Modulation nach D♭ wird sofort wieder zum Ursprung F zurückgeführt.

[33] Störend bei D^{7} ist der Melodieton b, der die ♭13 des Akkordes ist. Der andere Melodieton in diesem Takt ist a, die reine Quinte. Diese beiden Töne erscheinen nur in HM5, welches aber mit einem dorischen II–^{7} zusammen gewöhnlich nicht vorkommt. Hier würde sich also die Verwendung von zwei Dominantskalen empfehlen: Alteriert für den Ton b und Mixolydisch für das a.

5.3.6.
COUNTDOWN, ein weiteres Beispiel für frei eintretende Dominanten. Hier werden sie zum Prinzip:

Jazz

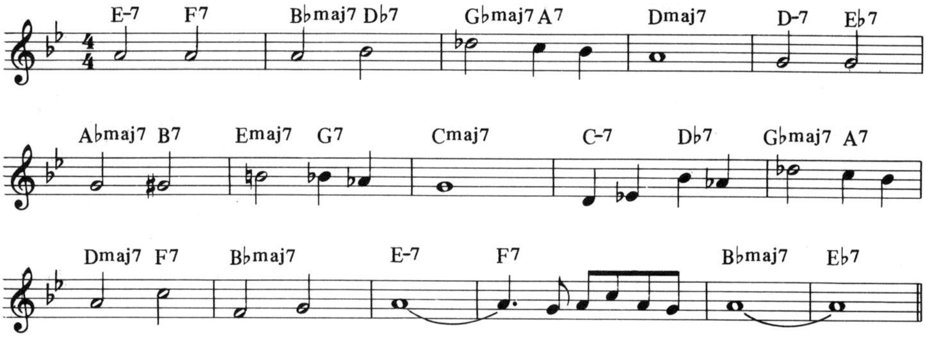

Alle hier vorkommenden Dominantseptakkorde sind frei eintretend. Auch hier (wie in GIANT STEPS/J. Coltrane) ist der übermäßige Dreiklang als „versteckter Code" zu erkennen. Er wird gebildet aus den Grundtönen der harmonischen Schwerpunkte (Tonzentren).

Takt 1–4: $B\flat^{maj7}$ $G\flat^{maj7}$ D^{maj7}
Takt 5–8: $A\flat^{maj7}$ E^{maj7} C^{maj7}
Takt 9–12: $G\flat^{maj7}$ D^{maj7} $B\flat^{maj7}$

Man kann ferner feststellen, daß die ersten zwölf Takte eine dreiteilige Sequenzkette darstellen, deren einzelne Glieder aus je sieben Akkorden gebildet werden. (In ALL THE THINGS YOU ARE/J. Kern – Analyse Nr. 1 – bilden die ersten sechzehn Takte ebenfalls eine Sequenz aus zweimal sieben Takten.) Die Sequenzglieder (in COUNTDOWN/J. Coltrane) stehen im Ganztonabstand zueinander, ähnlich wie die II V Glieder einer II V Sequenz im Quintenzirkel.

$II-^{7}$ V^{7} $II-^{7}$ V^{7} $II-^{7}$ V^{7} usw.

Nach einer Tonika wird die nachfolgende Dominante immer über einen kleinen Terzsprung aufwärts erreicht: von $B\flat^{maj7}$ nach $D\flat^{7}$, von $G\flat^{maj7}$ nach A^{7} usw. $E-^{7}$ im ersten Takt ist als $II-^{7}$ anzusehen, denn es steht im Zusammenhang mit den zwei nachfolgenden Akkorden an der Stelle, wo üblicherweise der (richtige) $II-^{7}$ steht. $E-^{7}$ bildet mit F^{7} und $B\flat^{maj7}$ also eine quasi II V I Kadenz. Zwar stehen die Akkorde nicht im richtigen Intervallverhältnis, doch stimmt die Folge der Akkordtypen der II V I Kadenz. Ähnlich wie in HAPPINESS IS … ($A-^{7}$ $D-^{7}$⁝ $B-^{7}$ E^{7}alt. A^{maj7}) findet hier auch eine Modulation mitten in der Kadenz statt $E-^{7}$⁝ F^{7} $B\flat^{maj7}$. Würde man anstelle von $E-^{7}$ ($II-^{7}$) D^{maj7} (also I^{maj7}) nehmen, wäre das nachfolgende Prinzip auch im ersten Takt gegeben:

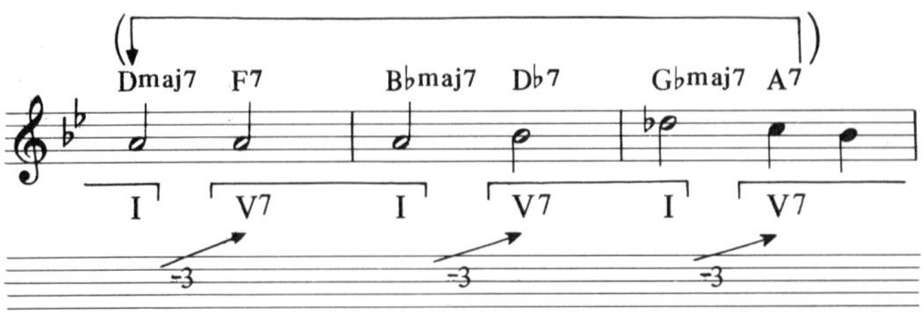

Würde man von A^7 wieder zum Anfang (D^{maj7}) zurückkehren, wäre diese Akkordfolge mit einer „modulatorischen Endlosschleife" vergleichbar. GIANT STEPS stellt harmonisch eine solche Endlosschleife dar.

Die letzten vier Takte (COUNTDOWN) kopieren die ersten drei Takte zu Beginn (jedoch mit doppelter Dauer = *Augmentation)* und leiten durch E♭^{7} zurück zum Anfang. Dieses E♭^{7} wäre ♭II^7 (Melodieton = ♯11!), wenn im ersten Takt tatsächlich D^{maj7} statt E–^{7} stünde.

5.3.7.
Im folgenden Stück geschehen freie Durchgänge. Klischees wechseln mit frei eintretenden Akkorden, die jedoch nicht immer in der erwarteten Weise aufgelöst werden. Ein evtl. anschließender II–^{7} V^7 oder II–$^{7\flat 5}$ V^{7}alt. läßt scheinbar auf Auflösung hoffen, die aber nur ein einziges Mal direkt erfolgt und der sonst immer ausgewichen wird durch neue frei eintretende Akkorde.

SHORT STORY

med. fast Jazz

Die erste angenommene Tonika ist G♭^{maj7}. Die vorausgehenden Akkorde ergeben keinerlei Zusammenhang mit G♭^{maj7}. Dieser Akkord ist also nicht Tonika im Sinne eines Bezugszentrums, sondern nur der Struktur nach. G♭^{maj7} steht als chromatischer Schritt zwischen G–^{7} und F–$^{7\flat 5}$, ist also ein freier Durchgangsakkord. *Ein freier Durchgang kann jede beliebige Akkordstruktur haben.*

A^{-7} D^{7} ist ein isoliert für sich stehendes normales $II^{-7}V^{7}$ pattern, eine alltägliche Erscheinung, auch wenn die Auflösung nicht erfolgt. $F^{-7\flat5}$ $B\flat^{7}$alt. $E\flat^{maj7}$ in den Takten 3 und 4 bilden die einzige vollständige Kadenz in diesem Stück. Das Tongeschlecht wird in schon bekannter Weise gewechselt (von Moll nach Dur), mit dem V^{7}alt. als Kreuzungspunkt. Die Skalenfolge ist: Lokrisch – Alteriert – Ionisch. Der nächste greifbare Anhaltspunkt ist die Folge $E^{-7\flat5}$ A^{7}alt., die gleiche Progression wie zuvor $F^{-7\flat5}$ $B\flat^{7}$alt. Die dazwischen liegenden Akkorde $A\flat^{-7}$ und G^{-7} können folgendermaßen gedeutet werden: $A\flat^{-7}$ befindet sich auf der Stufe der Subdominante der vorangegangenen Kadenz. Daß es ein Mollseptakkord und nicht der erwartete $Major^{7}$-Akkord ist, bedeutet eine (freie) klangfarbliche Variante des ursprünglich vielleicht vorgesehenen IV^{maj7}. Der Mollseptakkord an und für sich hat weiterleitende Spannungsqualität (Hörgewohnheit II^{-7} V^{7}), wogegen der IV^{maj7} eine „Sackgasse" darstellt, denn er steht in einer Kadenz nach dem I Akkord, und kein diatonischer(!) Akkord folgt ihm, d. h. es gibt nach dem IV^{maj7} keine logische Weiterführung. Das nachfolgende G^{-7} ist als parallele Strukturrückung (chromatisch abwärts) zu verstehen. Beide Akkorde nehmen Dorisch (Dorisch ist die „Universalskala" für Mollseptakkorde, die sich weder funktional noch auf Grund melodischer Hinweise einordnen lassen).

Das $B^{-7\flat5}$ in Takt 7 steht so gesehen als beziehungslose, klangfarbliche Struktur zwischen dem Vorangegangenen und dem Nachfolgenden. Die Tatsache, daß die vier Töne eines halbverminderten Mollseptakkords ($Moll^{7\flat5}$) eine kleine Terz aufwärts einen $Moll^{6}$ Akkord bilden, ermöglicht hier eine elegantere Lösung als diejenige, diesen Klang ($B^{-7\flat5}$) als anonymen Zwischenakkord abzutun. Der $Moll^{6}$ Akkord, der aus den Tönen des $B^{-7\flat5}$ gebildet wird, ist D^{-6} und damit Auflösungsakkord des vorangegangenen patterns $E^{-7\flat5}$ A^{7} alt. Die Melodietöne in A^{7}alt. sind b, f und cis ($\flat$9, $\flat$13 und große Terz), Töne also, die auch in HM5 vorkommen, der Skala, die ja normalerweise an dieser Stelle der Mollkadenz steht. Ein Umstand also, der A^{7} als alteriert in Zweifel stellt. Es bleibt somit noch offen, ob A^{7}alt., das in Partnerschaft mit $E^{-7\flat5}$ als Imitation von $F^{-7\flat5}$ $B\flat^{7}$alt. angesehen werden kann, vor dem innerhalb dieser Kadenz natürlicheren $A^{7(\flat9/\flat13)}$ = HM5 bevorzugt werden soll.

Bei der Auffassung, die $B^{-7\flat5}$ als andere Formulierung von D^{-6} betrachtet (es steht $B^{-7\flat5}$, da h der Baßton sein soll; andernfalls müßte es $D^{-6}/B^{\natural}$ heißen, was aber als Umkehrung ein sehr merkwürdiges Ende einer Kadenz wäre), darf nicht übersehen werden, daß $B^{-7\flat5}$ als Akkord auf der 6. Stufe in MMA Lokrisch 9 als Skala hat. Vielleicht hätte man sich, wenn man $B^{-7\flat5}$ als freien Durchgangsakkord gesehen hätte, deshalb ohnehin für Lokrisch 9 entschieden.

Der nächste Tonikaakkord ist $D\flat^{maj7}$. Das $E\flat^{-7}$ drei Takte vorher könnte II^{-7} sein. Die Bestätigung dafür ergibt sich dann im nachfolgenden D^{7}, dessen $\sharp$11(gis) in der Melodie den Akkord als $\flat II^{7(\sharp11)}$, der Umwandlung von $A\flat^{7}$ alt. (V^{7}alt.) erkennen läßt. Diese Auflösung in die Tonika erfolgt nicht direkt, sondern wird durch das „Abrutschen" der Dominante um einen Ganzton verzögert.

Dies ist die unzweifelhaft richtige Deutung des C^{7}, denn die Melodie beginnt, wie im Takt vorher, mit den entsprechend gleichen Akkordtönen. (Das Sechzehntel f ist chromatischer Durchgang zwischen fis und e.)

Das E^{7} im letzten Takt ist zwar V^{7} von A^{-7} (am Anfang), jedoch nicht als Dominante eines Mollakkords zu sehen (HM5 oder Alt.), denn die Melodie enthält die große 13, die ja nur in Mixolydisch, Mixo$\sharp$11$\flat$9 und HTGT vorkommt. Mixo$\sharp$11$\flat$9 scheidet aus, denn es ist Skala für den $V^{7\flat9}$ nach Dur gehend. HTGT als spezielle Skala für die Kombination von $\sharp$9 mit gr. 13 ist wenig naheliegend, denn es gibt keinen Hinweis für eine $\sharp$9. Bleibt nur noch Mixolydisch, und am plausibelsten scheint die Version, daß E^{7} Teil eines II V patterns ist (B^{-7} E^{7}), dessen II Akkord fehlt. B^{-7} E^{7} A^{-7} D^{7} würden nämlich die bereits wohlbekannte Wendung

II^{-7} V^{7} → II^{-7} V^{7} ergeben. Somit muß man Mixolydisch als richtige Skala für E^{7} annehmen.

5.3.8.
ILLUMINATION

K: Axel Jungbluth. © B. Schott's Söhne, Mainz 1980

Beim schnellen Überfliegen dieses Stückes stellt man fest, daß die Tonarten ständig zu wechseln scheinen und viele Akkorde vorkommen, die sich schwer in kadenzielle Abläufe einordnen lassen. Es kommt nur ein Tonikaakkord vor, D♭^{maj7}, und die Tonartvorzeichnung ist ebenfalls D♭-Dur. Das erste D♭^{maj7} hat noch keine starke kadenzielle Wirkung, erst gegen Ende des 2 x 20taktigen Stücks hat man den Eindruck einer endgültigen harmonischen Auflösung. Bevor die Tonika zum erstenmal erscheint (etwa in der Mitte des Stückes), wird sie zweimal fast erreicht, d. h. – bildlich gesprochen – das Ziel (I^{maj7}) wird kadenziell „angesteuert" (durch Kadenzakkorde von D♭), jedoch im letzten Moment „verfehlt". Der gesamte harmonische Ablauf wirkt wie ein ständiges „Kreisen um den heißen Brei", bis am Schluß endlich die befriedigende Auflösung erfolgt.

Nun die Analyse im Detail:
Die erste Tonika finden wir in Takt 11, D♭^{maj7}. A$^{\flat 7}$ im Takt davor ist V^{7}. Die Melodietöne d und fes können als chromatische Wechselnoten gesehen werden: untere und obere chromatische Annäherung (approach) an es, wobei dann (ungeachtet der „Fremdtöne") Mixolydisch zugrunde gelegt wird – oder man sieht alle Melodietöne als Akkordtöne, f als 13, d als ♯11 und fes als ♭13. Nun kennen wir aber keine Skala, die diese drei Akkordtöne enthält, also müßte hier

[34] Hier kann auch C♯–^{7} ersetzt werden. Dadurch würde D–7 (II–^{7}) von oben und unten „angesteuert" (doppelter approach). Es würde durch diese Änderung kein Widerspruch entstehen, da ja E♭–^{7} ohnehin als II–^{7} von D♭ deklariert wurde. Alle drei Mollseptakkorde, E♭–^{7} C♯–^{7} und D–^{7}, wären dann II–^{7} einer chromatisch pendelnden imaginären Tonika.

mehr als eine Skala in Betracht gezogen werden. Bei der Unterteilung dieses halben Taktes in wieder zwei Hälften würden auf die erste Skala f und d (also 13 und ♯11) und auf die zweite fes entfallen (das es gehört ja schon zum nächsten Takt). Die möglichen Skalen für den ersten Teil, nämlich solche, die ♯11 und 13 enthalten, sind Mixo♯11, Mixo♯11♭9 und HTGT, für den zweiten Teil HM5 und Alteriert. Die Wahl fällt schwer, da es keine weiteren stichhaltigen Hinweise gibt: zudem ist es hier wohl etwas zu aufwendig, nach einer skalenmäßig korrekten Lösung zu suchen. Der erste Vorschlag, die betreffenden Töne lediglich als melodische Besonderheit zu sehen, scheint sich daher anzubieten.

Die vier voranstehenden Mollseptakkorde stehen in keinem bekannten harmonischen Zusammenhang zu $D\flat^{maj7}$. Es sind parallele Verschiebungen *einer* Klangstruktur. Streng parallel verhalten sich $B-^{7}$, $G-^{7}$ und $E-^{7}$, denn bei diesen ist jeweils der erste Ton die Undezime des Akkordes. $C-^{7}$ in Takt 8 übernimmt die Rolle des I Akkordes, denn voran stehen $D-^{7}$ als $II-^{7}$ und G^{7}alt. als V^{7}. Dem chromatischen „Abfallen" nach $B-^{7}$ wird dadurch entgegengewirkt, daß der Melodieton bei diesem Wechsel einen höheren Akkordtongrad erreicht. In $C-^{7}$ ist der (Haupt-) Melodieton None, in $B-^{7}$ Undezime des Akkordes. Letztere wird, wie schon gesagt, bis zum $E-^{7}$ als Hauptnote beibehalten. Die Akkorde rutschen terzweise ab; diese fallende Bewegung bekommt schließlich einen gewissen Kadenzcharakter. Vor dem schon abgehandelten Akkordpaar $D-^{7}$ G^{7} alt. stehen wieder drei Mollseptakkorde, diesmal im fallenden Quintenzirkel; sie verhalten sich wie $III-^{7}$ $VI-^{7}$ $II-^{7}$ einer D♭ Dur-Kadenz. Die beiden Akkorde davor sind $II-^{7}$ V^{7}alt. von D♭, wobei der $II-^{7}$ über seine Dominante erreicht wird ($B\flat^{7}$alt.).

In diesen beiden letzten (unvollständigen) Kadenzen bleibt die Auflösung aus. Dies ist auch am Anfang der Fall. $A\flat^{7}$ würde sich nach $D\flat^{maj7}$ auflösen können, aber dadurch, daß D♭ selbst als Dominantseptakkord erscheint, wird die Tonika-Auflösung verschleiert. $D\flat^{7}$ erhält die Funktion einer Zwischendominante (Mixo♯11). $G\flat^{7}$ ist, wie am Schluß deutlicher zu sehen ist, IV^{7} von D♭. Damit wird auch $A\flat^{7}$ als V^{7} von dem nicht als Tonika erscheinenden D♭ Akkord bestätigt.

Beschreiten wir nun den Rückweg von der zweiten Tonika in Takt 19, die durch ein entsprechendes II V pattern erreicht wird. Sequenzartig gehen $F\sharp-^{7}$ B^{7} voraus. $C-^{7\flat5}$ $F^{7\flat9}$ und $B\flat-^{7}$ bilden eine Mollkadenz, wobei $B\flat-^{7}$ als Mollseptakkord nicht wirklich Tonika ist, sondern als Moll-Akkord nur an deren Stelle steht. $B\flat-^{7}$ könnte man als $VI-^{7}$ von D♭ verstehen, wodurch man eine weitere, wenn auch verkappte D♭ Kadenz erhalten würde.

Das Tonzentrum D♭ wird hier also auf mehrere Arten erreicht (oder auch nicht erreicht):

1) Takt 1	$A\flat^{7}$	nicht erreicht
2) Takt 3	$E\flat^{7}$ $A\flat^{7}$ alt.	nicht erreicht
3) Takt 4/5	$F-^{7}$ $B\flat-^{7}$ $E\flat-^{7}$	nicht erreicht
4) Takt 10/11	$A\flat^{7}$ $D\flat^{maj7}$	erreicht
5) Takt 13/14	$C-^{7\flat5}$ F^{7}alt.	nicht erreicht
6) Takt 17/18	$E\flat-^{7}$ $A\flat^{7}$alt.	erreicht

Das nächste Stück hat seinen besonderen Reiz in der Verwendung von Akkordumkehrungen, insbesondere kommen Umkehrungen von I Akkorden vor. Diese Verfremdung der Tonzentren (oder Kadenzziele) verhindert das Schlußgefühl und bewirkt dadurch den Eindruck des Unvollständigen, des Weiterzuführenden.

5.3.9.
FALLING GRACE

recht schnell / rubato

Der A♭ Dreiklang im ersten Takt läßt sich nicht eindeutig in seiner Funktion bestimmen. Wenn hier nur der Dreiklang steht, so hat das klangliche Gründe. Da der Dreiklang fast immer im Sinne eines Tonikaakkordes gebraucht wird, kämen hier als Skalen Ionisch oder Lydisch in Frage. Suchen wir am Schluß nach entsprechenden Leitakkorden, so finden wir, daß das A♭maj7 des *endings* (= Schlußwendung), das in einer Kette von vier Maj7 Akkorden steht, genau an derselben Stelle erscheint wie das A♭ im ersten Takt im Falle der Wiederholung. Dennoch kann man die beiden A♭ Akkorde nicht gleichsetzen. Sehen wir uns zunächst den Schluß an: Das B♭maj7 ist Finalakkord einer normalen II V I Kadenz. Das nachfolgende E♭maj7 würde man normalerweise für die Subdominante halten, was aber die Funktion des folgenden A♭maj nicht klärt, das sich zu E♭maj7 genauso verhält wie E♭maj7 zu B♭maj7 und schließlich auch D♭maj7 zu A♭maj7. Diese Folge von mehreren Maj7 Akkorden im Sinne des Quintenzirkels läßt sich funktionsharmonisch, d. h. im Sinne der üblichen Kadenzen, nicht erklären. Auch hier hilft bei der Analyse wieder die Melodie, die taktweise sequenziert; denn jeder der vier Takte (im letzten Takt steht nur noch die Anfangsnote) hat, bezogen auf das betreffende Akkordsymbol, die gleiche Melodie: die Melodietöne sind in jedem Takt maj7, 1 und 9 des betreffenden Akkordes. Man kann sagen, daß jeder Takt eine wörtliche (reale) Imitation des vorangegangenen darstellt. Demzufolge verwenden alle vier Takte den gleichen Skalentyp, nämlich Ionisch.

Zurück zum Anfang: wie schon festgestellt, folgt dem $E\flat^{maj7}$ (im Takt vor dem Wiederholungszeichen) das A♭ sowohl bei der Wiederholung (Anfangstakt), als auch bei der Schlußwendung (vorletzter Takt), dennoch scheint A♭ am Anfang tatsächlich Subdominante zu sein, denn die Melodie enthält die lydische Quarte (der Ton d). Es wäre aber auch denkbar, das d im zweiten Takt im Hinblick auf die Hauptnoten der nachfolgenden Takte als nicht-diatonische Wechselnote in einem ansonsten ionischen Kontext zu sehen. Geht man aber weiter vor bis zur nächsten Tonika (E♭/G), gewinnt man beim Hinhören doch den Eindruck, daß das A♭ Subdominante von diesem E♭ Akkord ist, obschon die dazwischenliegenden Akkorde keine Kadenzglieder von E♭ sind.

F^{-7} und $B\flat^{7}$ sind selbstverständlich II^{-7} V^{7} von E♭. Die Vermutung, daß G^{-7} vielleicht III^{-7} von E♭ (also dessen Vertretungsakkord) sein könnte, wird korrigiert durch das G^{-7} in Takt 7; denn beide G Akkorde werden durch den gleichen Akkord (D^{7}/F♯) erreicht. Nun zeigt aber das a in der Melodie des siebten Taktes, daß Phrygisch (III^{-7}) ausgeschlossen ist (a = große None). Würde man den Ton es bis hin zu diesem G^{-7} in Takt 7 als Pedalton verwenden wollen – denn er ist in allen anderen vorstehenden Akkorden diatonisch –, würde dies für die beiden G^{-7} Aeolisch als Skala zur Folge haben. Die Skalenfolge von Takt 1 bis Takt 7 wäre also: Lydisch – HM5 – Aeolisch – Dorisch – Mixolydisch – Ionisch –HM5 – Aeolisch. Das erste G^{-7} ist zwar Aeolisch und steht auch an der Stelle des VI^{-7} in der E♭ Kadenz, ist aber dennoch nicht VI^{-7} von E♭. G^{-7} ist also ein quasi-VI^{-7} auf einer freien oder transponierten Stufe. (Im Kapitel Reharmonisation wird diese Möglichkeit der Verschiebung eines bestimmte Akkordtypes in Form einer systematischen Technik behandelt.)

Nächste Tonika ist F^{maj7}, wovon G^{-7}/F II^{-7} und C/E Dominante sind (ohne Septime, wie zuvor auch A♭ und E♭/G). $F\sharp^{-7\flat5}$ B^{7} bilden ein II V Moll-pattern (♭13 in der Melodie des B^{7}), das sich auf E^{-7} bezieht, welches selbst VI^{-7} der mit ihm einsetzenden VI II V I Kadenz von G ist.

Nach dem Doppelstrich fällt die Baßlinie in den ersten vier Takten auf. C^{-7} ist II^{-7} von B♭, $C\sharp^{o7}$ wegen der beabsichtigten Chromatik freier Ersatzakkord für ein normalerweise erwartetes F^{7}, B♭/D ist Tonika und $E\flat^{maj7}$ Subdominante. Skalenfolge: Dorisch – GTHT – Ionisch – Lydisch.

Es folgen II V Sequenzen: $E^{-7\flat5}$ A^{7} D^{-7} $D\flat^{7}$ C^{-7} F^{7} $B\flat^{maj7}$. Der Rest ist bereits bekannt. $E^{-7\flat5}$ A^{7} ist Lokrisch und HM5 (bezogen auf D^{-7}, was aber selbst II^{-7} ist), D^{-7} $D\flat^{7}$ wäre normalerweise II^{-7} $\flat II^{7}$, es stört aber die ♭13 in der Melodie von $D\flat^{7}$. Besser wäre es, diesen Akkord mit G^{7}/D♭ (Mixolydisch) zu bezeichnen, wobei dann des chromatischer Durchgangston ist. Der Melodieton a hat den Charakter eines unabhängigen Pedaltons. C^{-7} und F^{7} sind normal.

5.3.10.
DOLPHIN DANCE

med. fast Jazz

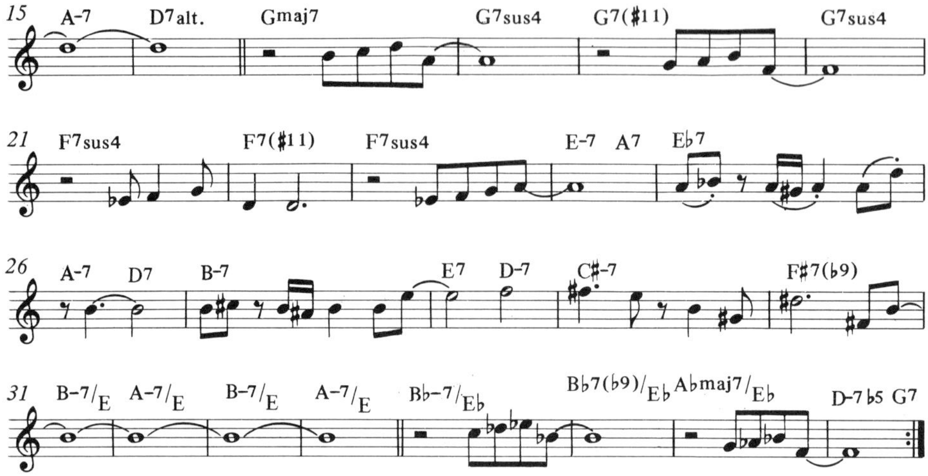

K: Herbie Hancock. Mit frdl. Genehmigung der Global Musikverlage, München

Das Fehlen der Generalvorzeichen bedeutet hier wieder, daß wegen ständiger Modulation keine eigentliche Grundtonart vorliegt.

Die ersten vier Takte sind nicht *intro*, denn der erste Takt beginnt gleich mit dem Hauptmotiv. Diese vier Anfangstakte werden bei der Wiederholung einfach deshalb weggelassen, weil der letzte Takt im Stück die gleichen Akkorde wie der vierte hat und somit besser in den fünften Takt als in den Anfang überleitet. Das melodische Motiv ist auch jeweils gleich:

$E\flat^{maj7}$ im ersten Takt ist sicherlich I^{maj7} (= Ionisch), da nichts dagegen spricht. $B\flat^{-7}/_{E\flat}$ wäre als $D\flat^{maj7}/_{E\flat}$ (was klanglich quasi gleich ist: $VI^{-7} : I^{maj7}$) parallele Rückung einer Klangstruktur über einem Pedalton.

Wie so häufig, wenn mehrere Maj7 Akkorde nacheinanderstehen, würde man für $D\flat^{maj7}$ (als Gegensatz) Lydisch wählen, woraus sich für $B\flat^{-7}$ Dorisch ergeben würde. Es wäre sicher auch denkbar, für $D\flat^{maj7}$ Ionisch (parallel zu $E\flat^{maj7}$) anzunehmen, nur bietet D♭ Lydisch den Vorteil eines weiteren Tones (g) in den beiden Akkorden E♭ und D♭. $D\flat^{maj7}$ als lydischen Akkord der Tonalität A♭–Dur zu betrachten erweist sich auch dann als richtig, wenn man ihn – wie im Notentext: $B\flat^{-7}/_{E\flat}$, als $II^{-7}/_{4}$ sieht. Man könnte ihn demnach auch als $E\flat^{7}$sus4 (mixolydisch) notieren: ob $B\flat^{-7}/_{E\flat}$, $D\flat^{maj7}/_{E\flat}$ oder $E\flat^{7}$sus4, klanglich ist es immer das gleiche.

Zurück zum gemeinsamen Ton g von E♭^{maj7} (M3) und D♭^{maj7} (♯11). Der Ton g ließe sich gut als Pedalton (das Pedal muß nicht unbedingt im Baß liegen) verwenden, denn er ist mit Ausnahme des Taktes A♭^{7} über 7 1/2 Takte (bis A–^{7}) leitereigen.

Aus der gleichen Überlegung wäre für das nachfolgende C–^{7} Aeolisch als Skala zu befürworten, denn der Ton as, der in C–Aeolisch Sexte ist, wäre dann gemeinsamer Ton vom ersten bis zum siebten Takt. Eine Bestätigung für Aeolisch findet sich auch noch auf andere Weise: A♭^{7} ist als Sekundärdominante anzunehmen, zumal der charakteristische Ton in der Melodie vorkommt. Somit wäre A♭^{7} IV^{7} von E♭^{maj7}, womit das Stück beginnt. Dieses würde Aeolisch für C–^{7} erneut bestätigen.

Die Tonalität E♭ reicht also vom ersten bis zum siebten Takt und wird lediglich in Takt 4 durch eine kadenzielle Zwischenwendung (D–$^{7\flat5}$ G^{7} = Lokrisch und HM5), die sich auf C–^{7} bezieht, unterbrochen. Es folgt eine vollständige II V I Kadenz mit alterierter Dominante A–^{7} D^{7}alt. G^{maj7}.

A♭–^{7} ist dorisch; es gibt auch Versionen mit D♭^{7}sus4 für diese Stelle, was aber tonal gleichbedeutend mit A♭–^{7} ist, denn A♭–^{7}/D♭ (II–^{7}/4) ist dem D♭^{7}sus4 (V^{7}sus4) klanglich völlig gleich, beide gehören zur Tonalität G♭. Desgleichen ist F–^{7} Dorisch, denn im nachfolgenden Takt könnte ebenso B♭^{7} (was von einigen auch gespielt wird) als V^{7} der Orientierungstonika E♭ stehen, wovon dann das nachfolgende C–^{7} Ersatzakkord ist (VI–^{7}), also Aeolisch. Es folgt die gleiche G Kadenz wie schon zuvor.

Die nächsten drei Akkorde bilden mit den darauffolgenden Akkorden eine harmonische Sequenz, die sehr originell ist. Innerhalb jedes Sequenzgliedes wird bei gleichbleibendem Grundton die Klangstruktur (Akkordfarbe) geändert und wieder in den Ausgangsklang zurückgeführt, bei beiden Gliedern in genau gleicher Weise: G^{7}sus4 G$^{7(\sharp11)}$ G^{7}sus4; F^{7}sus4 F$^{7(\sharp11)}$ F^{7}sus4. Beide Sequenzglieder sind einen Ganzton voneinander entfernt. Die Bedeutung des Ganztons kommt hier auch noch auf andere Weise zum Tragen. Ein Dom^{7}sus4 Akkord läßt sich nämlich klanglich darstellen durch Grundton plus Durdreiklang einen Ganzton *unterhalb* des Grundtons, im Dom$^{7(\sharp11)}$ bilden die Optionen 9, ♯11 und 13 als Oberstruktur einen Durdreiklang *oberhalb* des Grundtons:

E–^{7} A^{7} (Takt 24) bilden ein normales Dorisch/Mixo pattern, E♭^{7} als zusätzlicher Leitakkord ist ♭II^{7} von D^{maj7}, das aber selbst – wie so häufig – nicht erscheint. Statt der erwarteten Tonika geht es mit einer II V Sequenz weiter, bei der das zweite Glied entgegen dem Quintenzirkelprinzip einen Ganzton über statt unter dem ersten steht. D–^{7} bildet einen stufenweisen Durchgang. Melodie und Baßlinie schreiten von D–^{7} nach C♯–^{7} chromatisch in Gegenbewegung fort, wobei klanglich eine Steigerung erreicht wird; denn die Melodie gerät beim Wechsel in einen höheren Akkordtongrad: f ist in D–^{7} die Terz und fis in C♯–^{7} die Undezime (Steigerung trotz fallender Baßbewegung).

Die indizierte ♭9 in F♯^{7} läßt aus diesem Akkord durch die Verbindung mit dem Moll^{7}–Akkord (Dorisch) eine Mixo♯11♭9 Dominante werden (V$^{7\flat9}$ in Dur).

B^{-7}/E übernimmt die Rolle der eigentlich erwarteten Tonika: entsprechend den Überlegungen zu $B\flat^{-7}$ in Takt 2 und C^{-7} in Takt 5 ist hier B^{-7} aeolisch und A^{-7} dorisch.

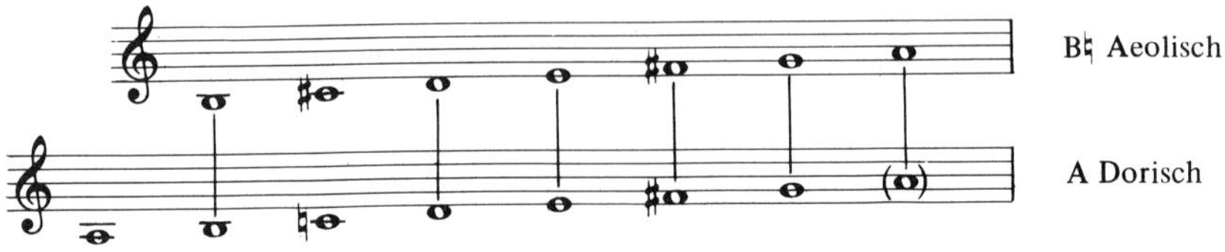

(Bis auf cis bzw. c verwenden die beiden Skalen das gleiche Tonmaterial.)

Der Pedaleffekt ist schon vom Anfang bekannt. Nach zweimal 2 Takten e–Pedal geht der Baß für drei weitere Takte nach es. Sicher ist auch der stufenweise Durchgang des Basses von $F\sharp^{7}$ bis nach $D^{-7\flat5}$ beabsichtigt, wobei, wie gerade dargestellt, die beiden Durchgangstöne eine Weile als Pedal gehalten werden.

Die Folge $B\flat^{-7}/E\flat$ $B\flat^{7\flat9}/E\flat$ stellt wiederum eine Klangfarbenänderung über einem Bordun dar.

$B\flat^{-7}$ ist, da kein zusätzlicher Hinweis auftritt, dorisch und $B\flat^{7\flat9}$ HM5; funktionale Überlegungen entfallen hier, da das Pedal die klangfarbliche Wirkung der Akkorde in den Vordergrund stellt.

Wenn man $B\flat^{7}$ als V^{7} von $E\flat$ (siehe Anfang) verstehen will, dann ist $A\flat^{maj7}$ IV. Stufe, also lydisch. $D^{-7\flat5}$ G7 leitet zurück nach C^{-7} in Takt 5.

II Harmonische Bearbeitung (Reharmonisation)

6. Reharmonisation (Harmonische Erweiterung)

6.1. Wesen der Reharmonisation und ihre Möglichkeiten

Man kann auf zwei Arten reharmonisieren, 1. durch Austauschen von Akkorden (alternativ) oder 2. durch Hinzufügen von Akkorden (additiv).

Die Melodie darf bei der Reharmonisation eines Themas strenggenommen nicht verändert werden; nur in der thematischen Verarbeitung (z. B. im Arrangement) wäre dies möglich.

Bei allen Arten erfährt das harmonische Ausgangsmaterial eine Bereicherung: es kann durch Reharmonisation verbessert oder aber überladen oder verfremdet werden, wobei die Verfremdung gelegentlich ein beabsichtigtes Stilmittel sein kann.

Man sollte einerseits erwägen, wieviel Bereicherung dem betreffenden Stück zuträglich ist, und zum anderen, welchem Zweck die Reharmonisation dient. Soll das Stück nur leicht ausgeschmückt werden, indem durch Zwischenakkorde die Stimmführung günstig beeinflußt und somit der harmonische Ablauf „eleganter" wird (Linearisierung der Stimmen), oder ist ein Variationseffekt in Form von Verfremdung oder sogar Entstellung beabsichtigt?

Zur Frage der Werktreue ist zu sagen, daß die Reharmonisierbarkeit im wesentlichen von der vorhandenen Substanz abhängt. An einem Stück mit sehr charakteristischen Akkorden wird man wohl kaum noch viel verändern wollen; evtl. wäre geringfügiges Variieren einzelner Akkorde ohne wesentliche Neuerungen denkbar. Diese Art des Reharmonisierens würde ein ohnehin harmonisch gelungenes Stück vielleicht ein wenig verbessern, ohne es seiner klanglichen Hauptmerkmale zu berauben.

Ein alter Standard, der klischeehaft oder „altmodisch" harmonisiert ist, fordert geradezu zum Reharmonisieren auf.

Ein Arrangeur oder Komponist sollte auf jeden Fall Reharmonisationstechniken beherrschen. Für den Instrumentalisten (bes. Gitarre und Klavier) bietet die Reharmonisation die Möglichkeit zur individuellen harmonischen Gestaltung beim Solovortrag. Der Balladentypus ist besonders geeignet.

Die Kenntnis der gängigen *chord-patterns* in Verbindung mit den Möglichkeiten der Reharmonisation bilden ein umfangreiches Kompendium harmonischer Mittel für die Harmonisierung eigener Melodien.

Durch regelmäßiges Analysieren von Jazzstücken sollte man die Wirkungen harmonischer Wendungen, die über den Charakter der Standard-Klischees hinausgehen, kennenlernen, um sie beim Improvisieren, Arrangieren und Komponieren jederzeit einsetzen zu können. Es genügt nicht zu wissen, welche Möglichkeiten es gibt, man muß auch deren Effekte erfahren haben.

6.2. Mechanismen der Reharmonisation

6.2.1. Einfache Vertretungsakkorde

Vertretungen	für:
a) III^{-7}, VI^{-7}	I^{maj7}
b) IV^{maj7}	II^{-7}
c) II^{-7}, VI^{-7}	IV^{maj7}
d) $\flat II^{7(\sharp 11)}$	$V^{7}alt.$
e) $VII^{7}alt.$	$IV^{7(\sharp 11)}$

(Die angegebenen Beziehungen gelten auch umgekehrt.)

a) Der III^{-7} als Vertreter für den I^{maj7} kommt recht häufig vor, sowie auch der umgekehrte Fall. VI^{-7} statt I erscheint seltener.
b) IV^{maj7} als Vertreter für II^{-7} kann in bestimmter Anordnung zu guten Ergebnissen führen, wie das Beispiel am Schluß zeigen wird.
c) Bei diesen Vertretungen liegen die gleichen Verhältnisse wie bei a) vor.
d) und e) Die Verwandtschaften von alterierten mit sekundären Dominanten wurden schon im Kapitel IV erläutert.

Original:

reharmonisiert:

Die ersten beiden Akkorde werden, wenn auch als Umkehrungen ($II^{-7}/4$ und $V^{7}/7$), beibehalten. Die durch Umkehrung gewonnenen Baßtöne führen logisch (linear) weiter nach e (E^{-7} = III^{-7} statt I^{maj7}). Der nächste Akkord war ursprünglich A^{-7}, wurde zu A^{7} umgewandelt, alteriert und schließlich ersetzt, wodurch sich im zweiten und dritten Takt eine (quasi-)harmonische Sequenz ergibt (E^{-7} „A^{7}" / D^{-7} G^{7}), die klanglich interessanter ist als die ursprüngliche, relativ lange diatonische Kadenz. Die letzten drei Akkorde sind unverändert geblieben. Durch diese Reharmonisation wurde (mit D^{-7}/G am Anfang) eine stufenweise Baßbewegung vom ersten bis zum fünften Akkord erreicht, was – wie man sich sicher vorstellen kann – viel flüssiger klingt als ein dauernd hin- und herspringender Baß.

6.2.2. II^{-7} V^{7} Vertretungen und Sequenzen

Das Verfahren, geeignete Sequenzglieder oder II V Vertretungen zu finden, soll am Beispiel HERE'S THAT RAINY DAY (K: James Van Heusen) erläutert werden. Zunächst die Technik des Sequenzierens mit II^{-7} V^{7} patterns.

Die Sequenz ist natürlich dort zu bilden, wo sich bereits ein II V pattern befindet, also: das bereits vorhandene zusammen mit dem neugefundenen pattern stellen die Sequenz dar.

A^{-7} D^{7} haben in diesem kurzen Beispiel die Funktion II^{-7} V^{7}. Zunächst versucht man, diese beiden originalen Akkorde in einem Takt unterzubringen (und zwar vor dem Auflösungsakkord – gleich, ob dieser erscheint oder nicht), um einen „Leertakt" für das neu zu findende Sequenzglied zu gewinnen, also:

Der nun frei gewordene Takt wird, wie schon erwähnt, mit einem der möglichen (noch zu findenden) II V patterns versehen. Welche Akkorde in Frage kommen, wird durch die Melodietöne bestimmt, d. h. die Melodietöne müssen Akkordtöne sein (wenn man von der Möglichkeit des chromatischen Durchgangstons auf unbetonter Zeit absieht).

In unserem Beispiel wird die Melodie in dem betreffenden Takt nur aus dem Ton d gebildet (was die Sache natürlich vereinfacht, denn je mehr Töne die Melodie bilden, desto geringer ist die Anzahl der möglichen Akkorde).

Das d muß also Akkordton in einem Mollseptakkord (II^{-7}) und dem zugehörigen Dominantseptakkord (V^{7}) sein. Man beginnt praktischerweise mit dem Mollseptakkord; denn der V^{7} läßt sich zur Not noch verändern, indem man durch Alteration den evtl. störenden Melodieton unterbringen kann – von dieser Möglichkeit wollen wir aber zunächst noch keinen Gebrauch machen. D kann als Akkordton in II^{-7} folgende Positionen haben:
1, -3, 5, -7, 9, 11, (13)[35]

Es empfiehlt sich, beim anfänglichen Üben die Akkorde in Form einer Tabelle aufzuschreiben, da man so einen besseren Überblick über die zur Wahl stehenden Akkorde hat.

d ist:	1	-3	5	-7	9	11	13	
in:	D^{-7}	B^{-7}	G^{-7}	E^{-7}	C^{-7}	A^{-7}	F^{-7}	$= II^{-7}$
dazu:	G^{7}	E^{7}	C^{7}	A^{7}	F^{7}	D^{7}	$B\flat^{7}$	$= V^{7}$

In den sich ergebenden Dominantseptakkorden ist der Melodieton d die 5 in G^{7}, –7 in E^{7}, (M)9 in C^{7} und M3 in $B\flat^{7}$. In A^{7} ist der Melodieton Quarte des Akkordes, was ihn zu A^{7}sus4 macht. Da aber ein dem Original-pattern gleichwertiges Akkordpaar erforderlich ist, um klanglich wirklich den Eindruck einer harmonischen Sequenz zu gewährleisten, muß das pattern mit dem V^{7}sus4 als Möglichkeit ausscheiden. Selbstverständlich kommt das Original-pattern für den Leertakt nicht in Betracht; denn eine Wiederholung der gleichen Akkordfolge würde nichts Neues bringen und außerdem nicht der Definition der Sequenz entsprechen.

Die Wahl eines unter den dann noch verbleibenden patterns kann durch Überlegungen bezüglich verwandtschaftlicher Verhältnisse, guter Stimmführungen oder durch das individuelle Klangempfinden bestimmt sein.

---

[35] Der mögliche klangfarbliche Reiz der 13 in II^{-7} kann deren Verwendung im Ausnahmefall gestatten (s. dazu S. 19, Fußnote 11) sowie als Beispiel die Takte 1, 5 und 9 der bridge von HAPPINESS IS . . . , S. 46f..

Die Arbeitstabelle wird also schließlich folgendes Aussehen haben:

Melodietöne (–ton): d

Akkordton ↓	1	–3	5	–7	9	11	13
II–^{7}	D–^{7}	B–^{7}	G–^{7}	~~E–^{7}~~	C–^{7}	~~A–^{7}~~	F–^{7}
V^{7}	G^{7}	E^{7}	C^{7}	~~A^{7}~~	F^{7}	~~D^{7}~~	B♭^{7}
Akkordton ↑	5	–7	9	(sus 4)	13	1	M3

(Wdhlg.)

Die zur Wahl stehenden Sequenzen sind:

a) D–^{7} G^{7} | A–^{7} D^{7} | (G^{maj7}) |
b) B–^{7} E^{7} | „ | „ |
c) G–^{7} C^{7} | „ | „ |
d) C–^{7} F^{7} | „ | „ |
e) F–^{7} B♭^{7} | „ | „ |

Untersuchung verwandtschaftlicher oder sonstiger Beziehungen:

zu a)
D–^{7} G^{7} ist II–^{7} V^{7} von C-Dur, d. h. bezogen auf die nachfolgende G Kadenz findet hier eine Modulation im harmonisch gegenläufigen Quintenzirkel statt. Diese Wendung ist klanglich ziemlich blaß.

zu b)
B–^{7} E^{7} A–^{7} D^{7} (G^{maj7}). Dieses Beispiel stellt die so häufig anzutreffende Formel

II–^{7} V^{7} → II–^{7} V^{7} → (I) dar, die zwar klanglich einwandfrei ist, aber wegen der Regelmäßigkeit (durchlaufender Quintenzirkel vom ersten bis zum letzten Akkord) keine besonderen Reize bietet. Da diese Folge so häufig in Standards vorkommt, würde man in ihr keine nachträgliche Reharmonisation vermuten. Dennoch wird man gelegentlich diese Möglichkeit wählen.

zu c)
G–^{7} C^{7} A–^{7} D^{7} bedeuten ganztonweise Annäherung von unten (F Kadenz – G Kadenz). Diese Möglichkeit ist klanglich insofern interessant, als der Tonalitätswechsel unerwartet auftritt. Man könnte in dieser Version auch ein Gegenstück zu b) sehen; denn G–^{7} C^{7} liegt einen Ganzton unter und B–^{7} E^{7} einen Ganzton über A–^{7} D^{7}. Ebenso muß auf den Halbtonschritt im Baß von A♭^{maj7} (vorangehender Takt) nach G–^{7} hingewiesen werden; denn „flüssige" (d. h. stufenweise) Baßbewegung hat vermittelnden oder verbindenden Charakter.

zu d)
C–^{7} F^{7} A–^{7} D^{7}: Diese beiden Sequenzglieder stehen im Abstand der Terz zueinander, was eine harmonisch ungewöhnliche Beziehung ist. Abläufe im Quintenzirkel empfinden wir als normal, Stufenbewegung als Durchgang (s. o.), Fortschreitungen im Terzabstand jedoch als fremdartig oder bezugslos (sofern nicht diatonische Terzverwandtschaften eine Rolle spielen). Es lassen sich aber in diesem und dem folgenden Beispiel, in denen Terzbezug vorliegt, Anknüpfungspunkte vom neugefundenen pattern zur harmonischen Umgebung finden, wodurch sich das pattern in den Gesamtzusammenhang gut einreihen läßt.

C–^{7} steht zum vorangehenden A♭^{maj7} in der denkbaren Beziehung III–^{7} zu I, wodurch vom reharmonisierten II V pattern eine scheinbar diatonische Verbindung zum Vorangehenden geschaffen ist. Von C–^{7} F^{7} nach A–^{7} D^{7} bietet sich jedoch keine plausible Deutung an. Da der Gesamtzusammenhang trotzdem gut klingt, kann man als Faustregel festhalten: die Beziehung der Sequenzglieder wirkt logisch, wenn logische Verbindungen zum Kontext der Sequenz bestehen. Sind solche Verbindungen nicht gegeben, sollten sich die Sequenzglieder in klischeehafter Weise aufeinander beziehen, um so einen überzeugenden Zusammenhang zu bewirken. Beispiel a) klingt nicht gut, weil zwischen A♭^{maj7} und D–^{7} ein harmonisch „hohler" Bezug besteht (der Tritonus wäre dann gut, wenn der zweite Akkord D^{7} wäre – Mixo♯11 – und sich nach D^{maj7} auflöste). Version b) hingegen klingt gut, weil die Sequenzglieder untereinander in vertrauter Weise bezogen sind, obschon von B–^{7} rückwärts nach A♭^{maj7} keine plausible Verbindung herzustellen ist.

zu e)
F–^{7} B♭^{7} A–^{7} D^{7}: Wie schon unter d) erwähnt, stehen auch hier die Sequenzglieder im Abstand einer Terz zueinander. Aber auch bei dieser Version gibt es gute Verbindungen zum Vor- und Schlußakkord. F–^{7} kann als VI–^{7} (Tonikaparallele) verstanden werden oder besser, da ja A♭^{maj7} selbst nicht Tonika sondern Subdominante ist, als II–^{7} der vorangegangenen Tonika E♭. Somit würde sich auch an der II–^{7} Funktion im Sinne des Sequenzglieds nichts ändern. Die patterns stehen zwar in der etwas „fremdartigen" Terzbeziehung zueinander, aber der Übergang zur Schlußkadenz (A–^{7} D^{7} G^{maj7}) ist dadurch geschaffen, daß der Baß von B♭^{7} nach A–^{7} stufenweise abwärts geht.

Im Sinne guter Stimmführung bevorzugt man den Schritt vor dem Sprung, besonders dann, wenn – wie in diesem Beispiel – moduliert wird. Es ist besser, das Fremdartige des Modulationsvorgangs ein wenig zu mildern, indem man für glatte Übergänge an den Eckpunkten der Modulation sorgt.

6.2.3. Simulierende Substitution

Der Grundgedanke der simulierenden Substitution besteht darin, daß Akkorde in Sinnzusammenhängen wie dem der Kadenz neben ihrer stufenmäßig verankerten Funktion auch klangfarbliche Bedeutung haben. Bei dieser Reharmonisationsart sollen die Funktionen der Kadenzakkorde aufgehoben und das Kadenzgefühl lediglich durch die richtige Reihenfolge der Klangtypen gegeben werden. Eine in diesem Sinne freie VI II V I Kadenz würde nach wie vor aus zwei Mollseptakkorden, einem Dominantseptakkord und einem Tonika-Akkord bestehen, wobei aber die einzelnen Akkorde frei wählbar sind, d. h. die aeolischen, dorischen, mixolydischen und ionischen Akkordmöglichkeiten sind genauso wie bei den II V Sequenzen zu finden. VI II V I soll zwar nur ein Beispiel einer reharmonisierbaren Vorlage sein, aber es muß erwähnt werden, daß bei freien Folgen (die mit der simulierenden Substitution reharmonisiert werden) das Wesen dieser Reharmonisationsart weniger erkennbar ist als bei klischeehaften Akkordverbindungen.

Da durch die „Transposition" einzelner Akkorde die zirkelmäßige Ordnung aufgehoben ist, liegt der Gedanke nahe, die Ersatzakkorde so zu wählen, daß evtl. neue Ordnungen entstehen:
z. B. E–^{7} G–^{7} B^{7} D^{maj7}
Diese vier Akkorde (der Akkordtypenfolge nach eine VI II V I Kadenz) stehen im Abstand der Terz zueinander, genau gesagt: ihre Grundtöne bilden – gleichzeitig gespielt – einen Mollseptakkord (E–^{7}), was aber keine klangliche Bedeutung hat, sondern nur ein Konstruktionsmerkmal ist.

Prinzipien mathematischer Zahlenfolgen mögen als Anregung dienen, wobei mathematische Plausibilität natürlich keine Garantie für eine musikalisch gute Klangfolge ist.

Bei jeder Art der Reharmonisation oder Harmonisation hat letztlich das Ohr zu entscheiden.

Nun einige Beispiele für die Anwendung von Zahlenreihen (VI II V I). Eine Zahl steht für die Anzahl von Halbtönen in einem Intervall, also 2=M2, 3=–3, 4=M3, 5=4, 6=♯4 usw., wobei die Richtung des Intervalls zu jeder Zahl zwei Möglichkeiten ergibt.

Beispiel 1) Zahlenfolge 6, 4, 2 = Tritonus, gr. Terz, gr. Sekunde
1a) immer aufwärts ↑↑↑
1b) immer abwärts ↓↓↓
1c) auf-, ab-, aufwärts ↑↓↑
1d) ab-, auf-, abwärts ↓↑↓
1e) auf-, auf-, abwärts ↑↑↓
1f) auf, ab-, abwärts ↑↓↓
1g) ab-, ab-, aufwärts ↓↓↑
1h) ab-, auf-, aufwärts ↓↑↑

1a) ↑↑↑ F–^{7} B–^{7} E♭^{7} F^{maj7}
1b) ↓↓↓ F–^{7} B–^{7} G^{7} F^{maj7}
1c) ↑↓↑ F–^{7} B–^{7} G^{7} A^{maj7}
1d) ↓↑↓ F–^{7} B–^{7} E♭^{7} D♭^{maj7}
1e) ↑↑↓ F–^{7} B–^{7} E♭^{7} D♭^{maj7}
1f) ↑↓↓ F–^{7} B–^{7} G^{7} F^{maj7}
1g) ↓↓↑ F–^{7} B–^{7} G^{7} A^{maj7}
1h) ↓↑↑ F–^{7} B–^{7} E♭^{7} F^{maj7}

In diesem Beispiel kommt es zwangsläufig zu Wiederholungen, da der Tritonus in beiden Richtungen zum gleichen Ton führt. So heißen die beiden ersten Akkorde immer F–^{7} B–^{7}, dadurch ist für die beiden folgenden die Zahl der Möglichkeiten vermindert.

Die folgenden Beispiele zeigen eine größere Variationsbreite, da bei ihnen der Tritonus nicht vorkommt.

Beispiel 2) Zahlenfolge 1, 2, 4 = kl. Sekunde, gr. Sekunde, gr. Terz
2a) ↑↑↑ C–^{7} D♭–^{7} E♭^{7} G^{maj7}
2b) ↓↓↓ C–^{7} B–^{7} A^{7} F^{maj7}
2c) ↑↓↑ C–^{7} D♭–^{7} B^{7} E♭^{maj7}
2d) ↓↑↓ C–^{7} B–^{7} C♯^{7} A^{maj7}
2e) ↑↑↓ C–^{7} D♭–^{7} E♭^{7} B^{maj7}
2f) ↑↓↓ C–^{7} D♭–^{7} B^{7} G^{maj7}
2g) ↓↓↑ C–^{7} B–^{7} A^{7} C♯^{maj7}
2h) ↓↑↑ C–^{7} B–^{7} C♯^{7} F^{maj7}

Beispiel 3) Zahlenfolge 2, 4, 8, = M2, M3, -6
3a) ↑↑↑ A–^{7} B–^{7} E♭^{7} B^{maj7}
3b) ↓↓↓ A–^{7} G–^{7} E♭^{7} G^{maj7}
3c) ↑↓↑ A–^{7} B–^{7} G^{7} E♭^{maj7}
3d) ↓↑↓ A–^{7} G–^{7} B^{7} E♭^{maj7}
3e) ↑↑↓ A–^{7} B–^{7} E♭^{7} G^{maj7}
3f) ↑↓↓ A–^{7} B–^{7} G^{7} B^{maj7}
3g) ↓↓↑ A–^{7} G–^{7} E♭^{7} B^{maj7}
3h) ↓↑↑ A–^{7} G–^{7} B^{7} G^{maj7}

Nun noch zwei Beispiele mit vier Kadenzschritten I, VI–^{7}, II–^{7} V^{7}, I. Da die Folgen jeweils mit einem Tonika-Akkord beginnen und (meistens auf einem anderen Tonika-Akkord enden, kann man die verschiedenen Fälle als Modulationsmöglichkeiten ansehen.

Die sechzehn Richtungskombinationen für eine Vierergruppe sind:
a) ↑↑↑↑ b) ↓↓↓↓ c) ↑↓↑↓ d) ↓↑↓↑ e) ↑↑↑↓ f) ↑↑↓↓ g) ↑↓↓↓ h) ↑↓↓↑
i) ↑↓↑↑ j) ↑↑↓↑ k) ↓↓↓↑ l) ↓↓↑↑ m) ↓↑↑↑ n) ↓↑↑↓ o) ↓↑↓↓ p) ↓↓↑↓

Beispiel 4) Zahlenfolge 2, 3, 4, 5 = M2, -3, M3, 4

4a)	↑↑↑↑	E^{maj7}	F♯$^{-7}$	A^{-7}	C♯^{7}	F♯^{maj7}
4b)	↓↓↓↓	E^{maj7}	D^{-7}	B^{-7}	G^{7}	D^{maj7}
4c)	↑↓↑↓	E^{maj7}	F♯$^{-7}$	E♭$^{-7}$	G^{7}	D^{maj7}
4d)	↓↑↓↑	E^{maj7}	D^{-7}	F^{-7}	D♭^{7}	G♭^{maj7}
4e)	↑↑↑↓	E^{maj7}	F♯$^{-7}$	A^{-7}	D♭^{7}	A♭^{maj7}
4f)	↑↑↓↓	E^{maj7}	F♯$^{-7}$	A^{-7}	F^{7}	C^{maj7}
4g)	↑↓↓↓	E^{maj7}	F♯$^{-7}$	E♭$^{-7}$	B^{7}	F♯^{maj7}
4h)	↑↓↓↑	E^{maj7}	F♯$^{-7}$	E♭$^{-7}$	B^{7}	E^{maj7}
4i)	↑↓↑↑	E^{maj7}	F♯$^{-7}$	E♭$^{-7}$	G^{7}	C^{maj7}
4j)	↑↑↓↑	E^{maj7}	F♯$^{-7}$	A^{-7}	F^{7}	B♭^{maj7}
4k)	↓↓↓↑	E^{maj7}	D^{-7}	B^{-7}	G^{7}	C^{maj7}
4l)	↓↓↑↑	E^{maj7}	D^{-7}	B^{-7}	E♭^{7}	A♭^{maj7}
4m)	↓↑↑↑	E^{maj7}	D^{-7}	F^{-7}	A^{7}	D^{maj7}
4n)	↓↑↑↓	E^{maj7}	D^{-7}	F^{-7}	A^{7}	E^{maj7}
4o)	↓↑↓↓	E^{maj7}	D^{-7}	F^{-7}	D♭^{7}	A♭^{maj7}
4p)	↓↓↑↓	E^{maj7}	D^{-7}	B^{-7}	E♭^{7}	B♭^{maj7}

Beispiel 5) Zahlenfolge 4, 5, 2, 3, = M3, 4, M2, -3

5a)	↑↑↑↑	C^{maj7}	E^{-7}	A^{-7}	B^{7}	D^{maj7}
5b)	↓↓↓↓	C^{maj7}	A♭$^{-7}$	E♭$^{-7}$	D♭^{7}	B♭^{maj7}
5c)	↑↓↑↓	C^{maj7}	E^{-7}	B^{-7}	D♭^{7}	B♭^{maj7}
5d)	↓↑↓↑	C^{maj7}	A♭$^{-7}$	D♭$^{-7}$	B^{7}	D^{maj7}
5e)	↑↑↑↓	C^{maj7}	E^{-7}	A^{-7}	B^{7}	A♭^{maj7}
5f)	↑↑↓↓	C^{maj7}	E^{-7}	A^{-7}	G^{7}	E^{maj7}
5g)	↑↓↓↓	C^{maj7}	E^{-7}	B^{-7}	A^{7}	F♯^{maj7}
5h)	↑↓↓↑	C^{maj7}	E^{-7}	B^{-7}	A^{7}	C^{maj7}
5i)	↑↓↑↑	C^{maj7}	E^{-7}	B^{-7}	C♯^{7}	E^{maj7}
5j)	↑↑↓↑	C^{maj7}	E^{-7}	A^{-7}	G^{7}	B♭^{maj7}
5k)	↓↓↓↑	C^{maj7}	A♭$^{-7}$	E♭$^{-7}$	D♭^{7}	E^{maj7}
5l)	↓↓↑↑	C^{maj7}	A♭$^{-7}$	E♭$^{-7}$	F^{7}	A♭^{maj7}
5m)	↓↑↑↑	C^{maj7}	A♭$^{-7}$	D♭$^{-7}$	E♭^{7}	G♭^{maj7}
5n)	↓↑↑↓	C^{maj7}	A♭$^{-7}$	D♭$^{-7}$	E♭^{7}	C^{maj7}
5o)	↓↑↓↓	C^{maj7}	A♭$^{-7}$	D♭$^{-7}$	B^{7}	A♭^{maj7}
5p)	↓↓↑↓	C^{maj7}	A♭$^{-7}$	E♭$^{-7}$	F^{7}	D^{maj7}

Absichtlich wurde für diese Beispiele zur simulierenden Substitution die VI II V I Kadenz als Modell gewählt. Sie ist, da sie so häufig vorkommt, so zur Hörgewohnheit geworden, daß sie selbst in stark variierter Form noch als VI II V I zu erkennen oder zumindest zu erahnen bleibt. Die simulierende Substitution ist natürlich nicht nur dazu geeignet, Akkordklischees in ihrer Struktur zu verändern; oft wird man diese Reharmonisationsart verwenden, um nur einen einzigen Akkord zur Erzeugung eines Überraschungseffektes zu ersetzen.

Denkbar ist auch die Kombination mit einer anderen Reharmonisationstechnik, z. B. der II^{-7} V^{7} Sequenzierung. Hierbei würde man zunächst eine II V Sequenz bilden und anschließend einzelne Akkorde simulierend substituieren.

Zurückgreifend auf das Beispiel, an dem die II V Sequenzierung demonstriert wurde, könnte sich durch Kombination der beiden Techniken folgende Lösung ergeben:

In den ursprünglichen Sequenzgliedern sind die Dominanten ausgetauscht worden. B♭^{7} in Takt 5 stellt sich als linearer Durchgangsakkord zwischen C–^{7} und A–^{7} dar, F^{7} im Nachbartakt erweist sich als ♭VII^{7} (also Sekundärdominante) mit ebenfalls stufenweiser Bewegung zum Zielakkord hin.

Bei der Harmonisation lassen sich bestimmte Strukturfolgen mit Hilfe der simulierenden Substitution in vielfacher Ausführung herstellen, indem man – wie zuvor demonstriert – verschiedene Intervall- und Richtungskombinationen aufstellt.

Die nachstehende Melodie soll einmal mit der Strukturfolge Dur^{maj7} – Moll$^{7\flat5}$ – Moll^{7} – Dom^{7} – Dur^{maj7} harmonisiert werden, wobei jede Viertelnote mit einem Akkord harmonisiert wird.

Zunächst beginnt man mit einem einheitlichen Anfangsakkord und leitet von da die verschiedenen Folgen ab, die sich aus einem Zahlenmodell mit – in diesem Fall wieder 16 – Richtungsabläufen ergeben.

Zahlenfolge 1, 2, 3, 1 = –2, M2, –3, –2							Spezifizierung der V-Akkorde
a)	↑↑↑↑	G^{maj7}	A♭$^{-7\flat5}$	~~B♭–7~~	C♯^{7}	D^{maj7}	(als C♯^{7}alt. denkbar)
b)	↓↓↓↓	G^{maj7}	F♯$^{-7\flat5}$	E^{-7}	D♭^{7}	C^{maj7}	(als D$^{\flat7(\sharp11)}$ denkbar)
c)	↑↓↑↓	G^{maj7}	A♭$^{-7\flat5}$	F♯$^{-7}$	A^{7}	~~A♭maj7~~	(als A$^{7(\sharp11)}$ denkbar)
d)	↓↑↓↑	G^{maj7}	F♯$^{-7\flat5}$	~~A♭–7~~	F^{7}	~~G♭maj7~~	(als F^{7}alt. denkbar)
e)	↑↑↑↓	G^{maj7}	A♭$^{-7\flat5}$	~~B♭–7~~	D♭^{7}	C^{maj7}	(als D$^{\flat7(\sharp11)}$ denkbar)
f)	↑↑↓↓	G^{maj7}	A♭$^{-7\flat5}$	~~B♭–7~~	G^{7}	~~F♯maj7~~	(als G$^{7(\sharp11)}$ denkbar)
g)	↑↓↓↓	G^{maj7}	A♭$^{-7\flat5}$	F♯$^{-7}$	E♭^{7}	D^{maj7}	(als E$^{\flat7(\sharp11)}$ denkbar)
h)	↑↓↓↑	G^{maj7}	A♭$^{-7\flat5}$	F♯$^{-7}$	D♯^{7}	~~Emaj7~~	(als D♯^{7}alt. denkbar)
i)	↑↓↑↑	G^{maj7}	A♭$^{-7\flat5}$	F♯$^{-7}$	A^{7}	B♭^{maj7}	(als A^{7}alt. denkbar)
j)	↑↑↓↑	G^{maj7}	A♭$^{-7\flat5}$	~~B♭–7~~	G^{7}	~~A♭maj7~~	(als G^{7}alt. denkbar)
k)	↓↓↓↑	G^{maj7}	F♯$^{-7\flat5}$	E^{-7}	C♯^{7}	D^{maj7}	(als C♯^{7}alt. denkbar)
l)	↓↓↑↑	G^{maj7}	F♯$^{-7\flat5}$	E^{-7}	G^{7}	~~A♭maj7~~	(als G^{7}alt. denkbar)
m)	↓↑↑↑	G^{maj7}	F♯$^{-7\flat5}$	~~A♭–7~~	B^{7}	C^{maj7}	(als B^{7}alt. denkbar)

n)	↓↑↑↓	G^{maj7}	F♯$^{-7♭5}$	~~A♭$^{-7}$~~	C$^{♭7}$	B♭^{maj7}	(als C$^{♭7(♯11)}$ denkbar)
o)	↓↑↓↓	G^{maj7}	F♯$^{-7♭5}$	~~A♭$^{-7}$~~	F^{7}	~~E^{maj7}~~	(als F$^{7(♯11)}$ denkbar)
p)	↓↓↑↓	G^{maj7}	F♯$^{-7♭5}$	E^{-7}	G^{7}	~~F♯^{maj7}~~	(als G$^{7(♯11)}$ denkbar)

Die durchgestrichenen Akkorde lassen sich nicht mit den betreffenden Melodietönen vereinbaren.

Von den vier brauchbaren Lösungen b), g), i) und k) ist b) die beste, vielleicht, weil durch gleichbleibende Richtung das Intervallmodell am besten zu erkennen ist. Die stufenweise Bewegung der ersten drei Akkorde und der chromatische approach am Schluß sowie die sich ergebende Modulation von I nach IV sind sicher wichtige Gründe für den guten Klang dieser Version.

Andererseits engt die Zuhilfenahme solcher Zahlen-Richtungs-Modelle die Zahl der tatsächlich möglichen Akkordkombinationen auf eine überschaubare Menge ein (allein bei einer Akkordfolge mit fünf Gliedern, wie in dem letzten Fall, gäbe es 14641 Möglichkeiten, bei gleichbleibendem Anfangsakkord und Vermeidung von Gleichnamigkeit benachbarter Akkorde).

Würde man in dieser Richtung noch weiterarbeiten, wäre der Aufwand in Anbetracht eines Melodiebeispiels von nur zwei Takten zugegebenermaßen recht groß. Durch bloßes Probieren wäre man allerdings zu einer solchen Vielzahl gut klingender Akkordfolgen sicher nicht gelangt. Zudem müssen nicht allzuoft so viele Akkorde für einen so kurzen Verlauf gefunden werden.

Nach einiger Erfahrung mit der Auswertung solcher Tabellen wird man ein Gespür für gute Folgen bekommen und viel von dem, was man nach dieser Methode durch fleißige Schreibarbeit erstellt hat, spontan improvisatorisch realisieren können.

6.2.4. „constant structure" (c. s.)

Wie der Name sagt, soll nach diesem Verfahren bei Akkordfolgen die Struktur konstant bleiben, also immer der gleiche Akkordtyp verwendet werden. Damit verlieren die Akkorde ihren funktionalen Charakter und haben nur noch klangfarbliche Bedeutung. Trotz gleichartiger Akkordtypen wird eine Nuancierung dadurch erreicht, daß die Melodietöne verschiedene Akkordtonfunktionen haben können. Außerdem gibt es noch die Möglichkeit der Akkordumkehrung (Baßtonveränderung).

Das folgende Beispiel zeigt (z. B. in den ersten acht Takten) Nuancierung einmal durch das Steigen der Akkordtonfunktion von Akkord zu Akkord (obwohl die Melodie gleichzeitig fällt, hat man den Eindruck einer Steigerung) und die gelegentliche Verwendung anderer Baßtöne.

Von D^{maj7} (Takt 5) bis D♭^{maj7} (Takt 8) steigt die Akkordtonfunktion terzweise von der Terz in D^{maj7} bis zur None in D♭^{maj7}. Die Terz als „Regulativ" zeigt sich auch in der Baßfortschreitung von D^{maj7} nach A♭^{maj7}.

ARTIFICIAL COLOR

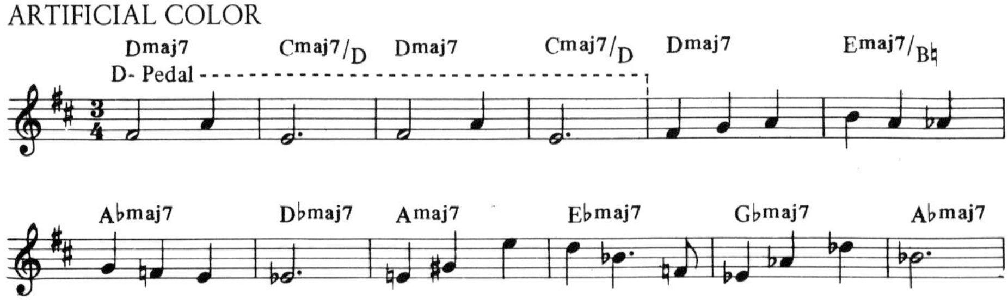

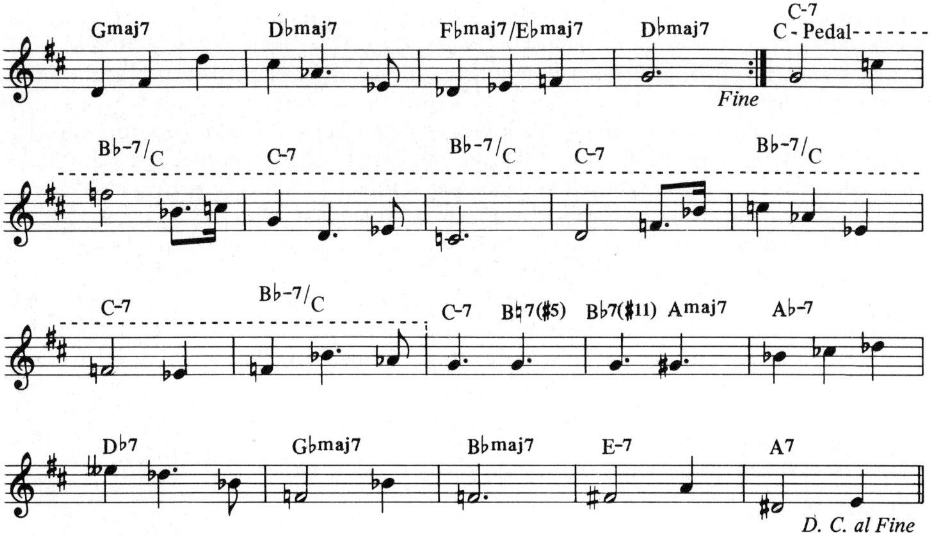

K: Axel Jungbluth. © B. Schott's Söhne, Mainz 1980

Wie dieses Beispiel zeigt, hat die constant-structure-Harmonik etwas Künstliches (s. Titel) an sich. Das Fehlen des funktionalen Zusammenhangs bewirkt wohl das eigenartige Klangbild dieser Harmonisierungsart.

Wenn man beim Reharmonisieren *constant structure* verwendet, geht es offenbar in erster Linie um diesen Effekt.

Reharmonisationsversuch über GIANT STEPS

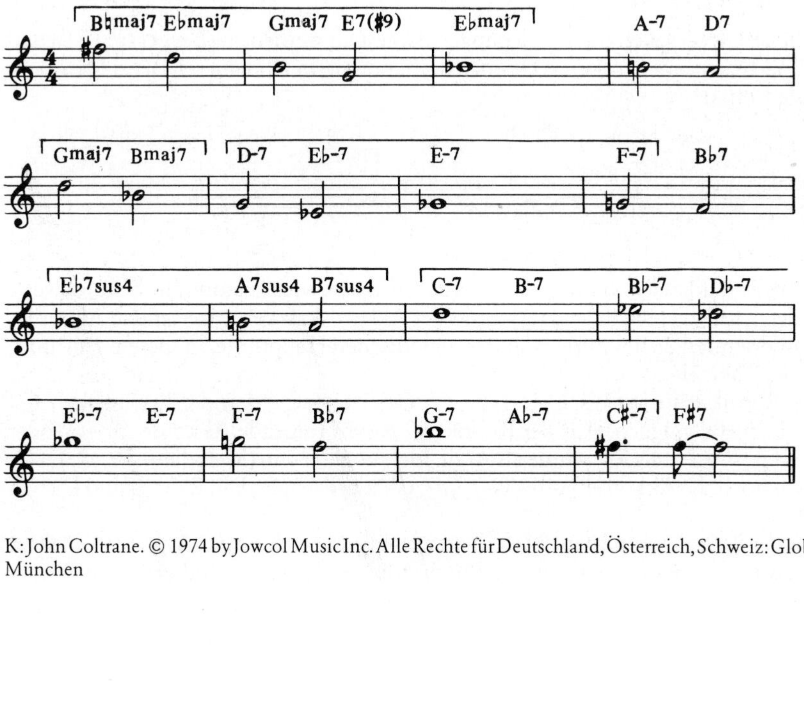

K: John Coltrane. © 1974 by Jowcol Music Inc. Alle Rechte für Deutschland, Österreich, Schweiz: Global Musikverlag, München

Für die constant-structure-Technik ist theoretisch jeder Akkordtyp geeignet, jedoch kann beim Dominanttypus die Verwendung unterschiedlicher Arten (Mixolydisch, Alteriert, HM5, GT etc.) zu klanglich unbefriedigenden Ergebnissen führen und vor allem den beschriebenen Effekt beeinträchtigen.

Die jeweils möglichen Akkorde erhält man, indem man den Melodieton (bzw. die Melodietöne) in die verschiedenen Akkordtonfunktionen des betreffenden Akkordes treten läßt, wie es schon bei der II–^{7} V^{7} Reharmonisation praktiziert wurde. Die Akkorde werden als Vertreter ihrer Kategorie, nicht als spezielle Strukturmodelle gesehen. Man kann also bei constant structure mit Mollseptakkorden gleichermaßen dorische, aeolische und phrygische Akkorde verwenden oder beim Dur^{maj7} ionische und lydische. Beim Dominantseptakkord ist – wie schon erwähnt – davon abzuraten, da die Unterscheidungsmerkmale der einzelnen Vertreter dieser Kategorie zu markant sind. Wenn bei der Reharmonisation mit Maj^{7} Akkorden der Melodieton die Funktion des Grundtons haben soll, verwendet man beispielsweise statt C^{maj7} besser C$^{6/9}$, da im ersten Fall die maj7 des Akkordes eine kleine Sekunde unter dem Melodieton läge. Es empfiehlt sich, ein wenig Abstand zwischen dem Melodieton und dem Begleitakkord zu halten. Im strengen Sinne der constant-structure-Technik müßte man aber auf die letztgenannte Möglichkeit verzichten und ausschließlich e i n e n Strukturtyp verwenden.

6.2.5. Freie Reharmonisation

Bei der freien Reharmonisation werden Akkorde in beliebiger Weise ersetzt oder hinzugefügt, ohne nach einem bestimmten Mechanismus zu verfahren. Oft sucht man nur nach einem einzigen Ersatz-, Verbesserungs- oder Durchgangsakkord. In einem solchen Fall muß man alle für die betreffende Stelle möglichen Akkorde in Betracht ziehen. Zu diesen Akkorden gelangt man, indem man für den Melodieton alle überhaupt bestehenden Akkordtonfunktionen annimmt. Um sicher zu gehen, daß kein Akkord übersehen wird, geht man dabei am besten chromatisch vor. In der nebenstehenden Tabelle sollen in dieser Weise alle Akkordmöglichkeiten für die Töne der chromatischen Skala aufgezählt werden.

Die sehr große Anzahl von möglichen Akkorden wird durch das Auftreten mehrerer Melodietöne reduziert. Von den dann noch verbleibenden Möglichkeiten ist aus geschmacklichen Gründen sicher ein Großteil zu streichen; trotzdem wird man noch einige Akkorde zur Wahl haben.

Am folgenden Beispiel sollen die Überlegungen dargestellt werden, die bei der freien Reharmonisation zunächst zu einer groben Akkordauswahl und dann zur näheren Beurteilung einzelner Akkorde führen:

C^{7} soll durch e i n e n anderen Akkord ersetzt werden, d. h.: die Melodietöne, die ja stufenweise aufeinanderfolgen, sollen einen Skalenausschnitt der Akkordskala des betreffenden Akkordes darstellen. Man orientiert sich natürlich an der melodischen Hauptnote, in diesem Fall am c, dem Ton auf der Taktzeit 1.

In der ersten Rubrik scheiden aus: C, C–, C+, C°, C^{maj7}, C–^{6}, C–$^{7\flat 5}$ und C$^{\circ 7}$; es bleiben: C^{7}. und C–^{7}. B$^{7\flat 9}$ ist nicht möglich. Aus der Rubrik „9" passen folgende Akkorde: B♭^{maj7} (oder B♭$^{6/9}$), B♭–^{6} und B♭$^{\circ 7}$. A^{7} (c als ♯9) würde als A^{7}alt. hier möglich sein (Melodie = ♯9, ♭9, 1, –7). Ferner kommen noch die Akkorde: A–$^{7\flat 5}$, G–^{7}, G$^{\circ 7}$, G♭^{7}alt., F^{maj7}, F^{7}, E$^{\circ 7}$, E♭$^{7(\sharp 11)}$ und D♭$^{\circ 7}$ in Betracht.

Von den in der Tabelle unter dem Melodieton c aufgeführten ca. 50 Akkorden bleiben immerhin 15 als mögliche Lösungen. Beim Durchprobieren dieser 15 Akkorde würde man

Melodieton →
Akkordtonfunktion ↓

	C	D♭(C♯)	D	E♭(D♯)	E	F	G♭(F♯)	G	A♭(G♯)	A	B♭	B(C♭)
1	C C– C+ C° C^{maj7} C^{7} C^{-7} $C^{-7\flat 5}$ C^{o7} etc.	D♭ . . . (Akkordtypen entsprechend erste Spalte [C])	D . . .	E♭ . . .	E . . .	F . . .	G♭ . . .	G . . .	A♭ . . .	A . . .	B♭ . . .	B . . .
♭9	$B^{7(\flat 9)}$ (div.)	$C^{7(\flat 9)}$	$C\sharp^{7(\flat 9)}$	$D^{7(\flat 9)}$	$D\sharp^{7(\flat 9)}$	$E^{7(\flat 9)}$	$F^{7(\flat 9)}$	$F\sharp^{7(\flat 9)}$	$G^{7(\flat 9)}$	$G\sharp^{7(\flat 9)}$	$A^{7(\flat 9)}$	$A\sharp^{7(\flat 9)}$(B♭)
9	$B\flat^{6/9}$ $B\flat^{maj7}$ $B\flat^{7}$ (div.) $B\flat^{-7}$ $B\flat^{-6}$ $B\flat^{o7}$	B	C	C♯	D	D♯ (E♭)	E	F	F♯ (G♭)	G	G♯ (A♭)	A
┌ ♯9	A^{7}(alt.)	$B\flat^{7}$(alt.)	B^{7}(alt.)	C^{7}(alt.)	$D\flat^{7}$(alt.)	D^{7}(alt.)	$E\flat^{7}$(alt.)	E^{7}(alt.)	F^{7}(alt.)	$F\sharp^{7}$(alt.)	G^{7}(alt.)	$A\flat^{7}$(alt.)
└ –3	A^{-6} A^{-7} $A^{-7\flat 5}$ A^{o7}	B♭–	B–	C–	C♯–	D–	E♭–	E–	F–	F♯–	G–	A♭–
M3	$A\flat^{maj7}$ $A\flat^{7}$	A^{maj7} A^{7}	$B\flat^{maj7}$ $B\flat^{7}$	B^{maj7} B^{7}	C^{maj7} C^{7}	$D\flat^{maj7}$ $D\flat^{7}$	D^{maj7} D^{7}	$E\flat^{maj7}$ $E\flat^{7}$	E^{maj7} E^{7}	F^{maj7} F^{7}	$F\sharp^{maj7}$ $F\sharp^{7}$	G^{maj7} G^{7}
4	G^{-7} G^{7}sus4 G^{o7}	G♯ . . .	A . . .	B♭ . . .	B . . .	C . . .	D♭ . . .	D . . .	E♭ . . .	E . . .	F . . .	F♯ . . .
┌ ♯4	$G\flat^{7(\sharp 11)}$ $G\flat^{maj7(\sharp 11)}$	G . . .	A♭	A . . .	B♭	B . . .	C . . .	D♭	D . . .	E♭	E . . .	F . . .
└ ♭5	$F\sharp^{7(\flat 5)}$ $F\sharp^{-7\flat 5}$ $F\sharp^{o7}$	G . . .	G♯ . . .	A . . .	A♯ . . .	B . . .	C . . .	C♯ . . .	D . . .	D♯ . . .	E . . .	F . . .
5	F^{maj7} F^{7} (div.) F^{-7} F^{-6}	F♯ . . .	G . . .	A♭	A . . .	B♭	B . . .	C . . .	D♭	D . . .	E♭	E . . .
┌ ♯5	$E^{7(\sharp 5)}$	F . . .	G♭	G . . .	A♭	A . . .	B♭	C♭	C . . .	D♭	D . . .	E♭
└ –6 = ♭13	E^{7}alt. E^{o7} $E^{-7\flat 5}$	F . . .	F♯ . . .	G . . .	G♯ . . .	A . . .	B♭	B . . .	C . . .	C♯ . . .	D . . .	D♯
┌ 6/13	$E\flat^{6}$ $E\flat^{7}$ (div.) ($E\flat^{-7}$)	E . . .	F . . .	F♯ . . .	G . . .	A♭	A . . .	B♭	B . . .	C . . .	D♭	D . . .
└ ♭7	$D\sharp^{o7}$ ($E\flat^{-7}$)	E^{o7}	F^{o7}	$F\sharp^{o7}$	G^{o7}	$A\flat^{o7}$	A^{o7}	$B\flat^{o7}$	B^{o7}	C^{o7}	$D\flat^{o7}$	D^{o7}
♭7	$D\sharp^{o7}$	E^{o7}	F^{o7}	$F\sharp^{o7}$	G^{o7}	$A\flat^{o7}$	A^{o7}	$B\flat^{o7}$	B^{o7}	C^{o7}	$D\flat^{o7}$	D^{o7}
–7	D^{-7} D^{7} (div.) $D^{-7\flat 5}$	E♭ . . .	E . . .	F . . .	F♯ . . .	G . . .	A♭ . . .	A . . .	B♭ . . .	B . . .	C . . .	D♭ . . .
M7	$D\flat^{maj7}$ $D\flat^{-maj7}$ $D\flat^{o7}$	D . . .	E♭ . . .	E . . .	F . . .	G♭ . . .	G . . .	A♭ . . .	A . . .	B♭ . . .	B . . .	C . . .

[= akustisch-gleiche Töne. Bei den Akkordsymbolen kommen enharmonische Verwechslungen (Akk.-Name) vor.

wahrscheinlich $A^{-7\flat 5}$, $G\flat^{7}$alt., $D\flat^{\circ 7}$, F^{maj7}, F^{7} und $B\flat^{\circ 7}$ als in diesem Zusammenhang blasse oder unmotivierte Versionen streichen. Danach hätte man noch unter neun Akkorden einen auszuwählen.

$B\flat^{maj7}$ und $B\flat^{-6}$ würden als Dur- oder Mollsubdominante eine plagale[36] Schlußwirkung erzeugen. Statt A^{7}alt. (III^{7}alt.) würde man eher zu seinem Vertretungsakkord $E\flat^{7(\sharp 11)}$ greifen, weil dessen Auflösung $\flat VII^{7}$ I ein gängiges Modell darstellt.

Bei $A^{-7\flat 5}$ ist die Terz-„Verwandtschaft" mit F vielleicht noch zu akzeptieren, aber die Quintfortschreitung von D^{-7} nach $A^{-7\flat 5}$ klingt nicht gut.

Mit G^{-7} ergäbe sich die Folge VI^{-7} II^{-7} I, also eine VI II V I Kadenz ohne den V Akkord. Diese Folge klingt wohl gut, ist aber sicherlich die konventionellste aller Möglichkeiten, die man außerdem wohl kaum für das Ergebnis einer Reharmonisation halten würde.

C^{7} scheidet aus, da es der zu ersetzende Akkord ist.

F^{maj7} wäre die Vorwegnahme des Schlußakkordes mit anschließender Wiederholung, was natürlich auch mit Reharmonisation nichts zu tun hat.

Würde man F^{7} einsetzen, könnte man mit den Tönen d (in D^{-7},) es in F^{7} und e in F^{maj7} eine chromatische innere Linie bilden, jedoch ist die Wendung I^{7} I^{maj7} – wenn auch denkbar – recht fade.

In enger Wahl stehen nun noch $B\flat^{maj7}$, $B\flat^{-7}$, $E\flat^{7(\sharp 11)}$ und evtl. G^{-7}.

Ferner kann man erwägen, den betreffenden Takt mit zwei oder sogar vier Akkorden zu reharmonisieren, was die Zahl der Möglichkeiten erheblich erhöht: bei zwei Akkorden auf ca. 35 richtige Lösungen pro Akkord, bei vier Akkorden auf ca. 50. In beiden Fällen gibt es mit Sicherheit eine Menge gut klingender Versionen, unter denen die Wahl schwerfällt.

6.3. Prinzipien der Reharmonisation

Während die Mechanismen der Reharmonisation bestimmte Verfahrensweisen zur Herstellung anderer harmonischer Zustände darstellen, können diese Zustände nachträglich noch durch verschiedene Prinzipien reguliert, d. h. in bestimmte Ordnungen gebracht werden.

6.3.1. Lineare Stimmführung

Dieses Prinzip bezeichnet eine möglichst stufenweise, „linienhafte" Fortschreitung der einzelnen Stimmen. Besonders auffallend macht sich gute Stimmführung im Baß als Gegenkontur zur Melodie bemerkbar (man spricht daher bei mehrstimmigen homophonen Sätzen von *übergeordneter Zweistimmigkeit,* die aus der oberen und unteren Kontur gebildet wird). Zugunsten konsequenter Linearität im Baß wird man neben Reharmonisationsakkorden in Grundstellung auch Umkehrungen verwenden. Durch das Einsetzen von Umkehrungen wird außerdem die statisch steife oder etwas schwerfällige Folge von Grundtönen aufgelockert (s. FALLING GRACE von St. Swallow).

Beispiel 1) Reharmonisation des Anfangs von HERE'S THAT RAINY DAY

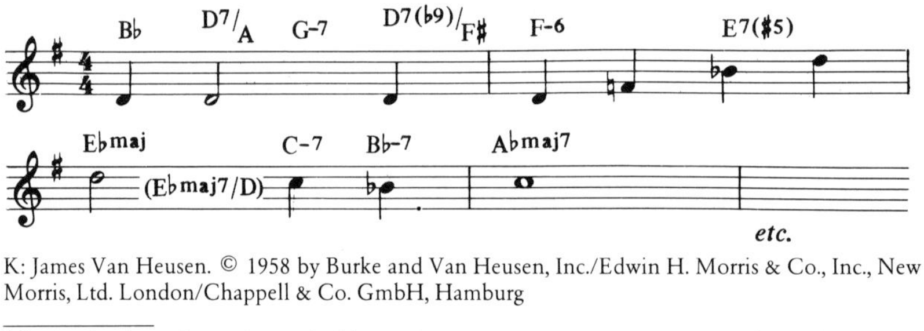

K: James Van Heusen. © 1958 by Burke and Van Heusen, Inc./Edwin H. Morris & Co., Inc., New York/Chappell-Morris, Ltd. London/Chappell & Co. GmbH, Hamburg

36) Die plagale Kadenz mit Durdreiklängen lautet I V IV I im Gegensatz zur authentischen: I IV V I.

Beispiel 2) CON ALMA

K: Dizzy Gillespie. © by Planetary Music Publ., USA. Für Deutschland, Österreich und die Schweiz: Musikverlag Planetary GmbH, Berlin

Die Umkehrungen a) und b) (in der traditionellen Harmonielehre als Terzquart- bzw. Sekundakkord bezeichnet) sind keine Reharmonisationen, sondern Originalharmonien. (Statt C♯– ^{7}/B♮ wird auch gelegentlich B^{7} genommen.)

6.3.2. Zirkelprinzipien

Ein Zirkel im musikalischen Sinne ist eine Folge von Tönen mit jeweils gleichem Intervallabstand, wobei nach Durchlaufen des Zirkels der Anfangston wieder erreicht wird.

Nur die Zirkel mit reinen Quarten oder Quinten sowie der mit kleinen Sekunden (chromatische Skala) enthalten alle 12 Töne, die anderen weniger:

gr. Terz (oder kl. Sext.)	3 Töne = 4 verschiedene Zirkel möglich
kl. Terz (oder gr. Sext.)	4 Töne = 3 verschiedene Zirkel möglich
gr. Sek. (oder kl. Sept.)	6 Töne = 2 verschiedene Zirkel möglich
Tritonus	2 Töne = 6 verschiedene Zirkel möglich

Der Tritonus als Zirkelintervall ist wenig brauchbar, denn man erhält immer nur dieselben beiden Stufen.

Die Zirkel in Sexten und Septimen kann man auch streichen, da die Komplementärintervalle in umgekehrter Richtung dieselbe Tonfolge ergeben.

Als echte Zirkel zählen für unseren Zweck also nur die mit reiner Quinte und Quarte sowie kleiner und großer Terz. Fortschreitungen in Sekunden würde man nicht als Zirkelprinzip, sondern als lineare Durchgangsharmonik empfinden. Die Beschränkung bei Terzzirkeln, die in der Höchstzahl der möglichen Töne besteht, kann aufgehoben werden, indem man große und kleine Terz in regelmäßiger oder unregelmäßiger Weise in einer zirkelmäßigen Progression mischt. So können dann auch alle 12 Tonstufen erreicht werden. Die Unterschiedlichkeit der Zirkelintervalle wird man kaum bemerken, denn das Ohr ist zu sehr mit dem Verfolgen der ungewöhnlichen Klangfolge in Terzen beschäftigt (sofern es sich nicht um diatonische Terzfortschreitungen handelt). Trotzdem ist die Wahl des einzelnen Sprunges nicht ohne Bedeutung, wie der nächste Abschnitt erläutert.

6.3.3. Farbgefälle

Bei einer normalen Kadenz im absteigenden Quintenzirkel (= aufsteigenden Quartenzirkel) empfindet man zunehmende Ruhe und Dämpfung der Spannung; man hat das Gefühl der Auflösung: die schlußbildende Tendenz ist spürbar.

Akkorde im Quintenzirkel in aufsteigender Folge bewirken den gegenteiligen Effekt (Aufhellung, Sich-Erheben, Sich-Entfernen).

Ein kleiner Terzsprung aufwärts wirkt weich, mildernd, auflösungsähnlich, schließend – ein großer hingegen aufhellend, öffnend.

Ein Sprung in umgekehrter Richtung hat auch die umgekehrte Wirkung.

Fortschreitungen in großen oder kleinen Sekunden sind quasi wirkungsgleich, da das Linearitätsprinzip in beiden Fällen den vorherrschenden Klangfaktor ausmacht. Nur entsteht bei der kleinen Sekunde leicht der Eindruck des Leittönig-Funktionalen (fallend eher als steigend), wogegen Folgen in großen Sekundabständen mehr den Charakter von Parallelität haben.

Wenn man die Tonarten des Quintenzirkels auf einer Geraden graphisch darstellt (C-Dur = 0, ♭-Tonarten = Minusseite, ♯-Tonarten = Plusseite), dann bedeutet Fortschreitung nach links Farbabdunklung (Richtung minus = abnehmend) und nach rechts Farbaufhellung (Richtung plus = steigernd).

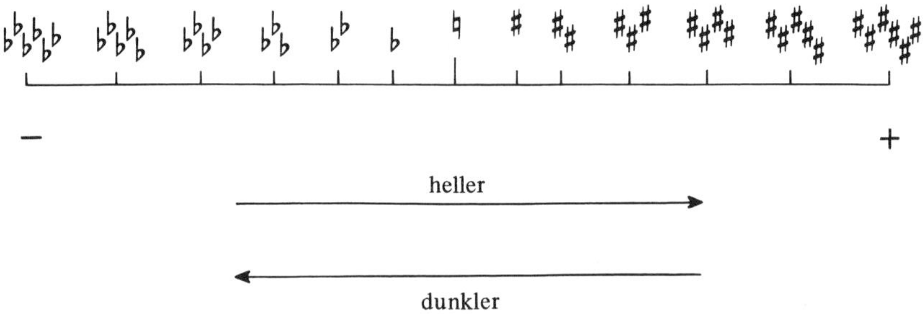

Dieses Verhalten zeigt sich aber nur bis zum Quartsprung, der Tritonus ist indifferent, und größere Intervalle als der Tritonus sind in der Wirkung ihren Komplementärintervallen gleich; so erreicht man mit einem kleinen Sextsprung abwärts die gleiche Farbänderung wie mit einem großen Terzsprung aufwärts.

Die Verwendung gleicher Akkordtypen (constant structure) gewährleistet die maximale Objektivität bei der Feststellung der Farbwechsel- (oder Helligkeitswechsel-) wirkungen.

Die Anzahl der durch Sprung überbrückten quintverwandten Tonalitäten bestimmt den Grad der Helligkeitsänderung, wobei eine Grenze bei der Differenz von vier Quinten bzw. Quarten gesetzt werden muß; fünf Zirkelstufen ergeben einen Halbtonschritt (Parallel- oder Stufenbewegung), sechs Stufen einen Tritonus (Indifferenz), sieben wieder einen Halbton.

Sechs Zirkelstufen (oder auch 6 Halbtonschritte = Tritonus) stellen die neutrale Mitte dar. 7 (Vorzeichendifferenz) ≙ (entspricht) 5, 8 ≙ 4, 9 ≙ 3, 10 ≙ 2, 11 ≙ 1, 12 ≙ 0.

Wie schon gesagt, ist die Wirkungsweise von Bewegungen auf dem Tonartenstrahl am besten bei Verwendung gleichartiger Klänge erkennbar. Bei der Wahl verschiedener Klangtypen ist zu beachten, daß es auch unter den diversen Akkordstrukturen ein solches Farbgefälle gibt.

Wenn man einmal den Dominantseptakkord als mittleren Strukturtyp annimmt (er wird gebildet aus einem großen, einem reinen und einem kleinen Intervall), so werden die Strukturen auf dem Akkordstrukturenstrahl nach links nach und nach kleiner und nach rechts größer. Analog zum Tonartenstrahl bedeutet Bewegung nach links dunklere, nach rechts hellere Färbung.

---

37) Wie schon zuvor gesagt, steht in unserem Modell der Dominantseptakkord wegen seiner besonderen Intervallstruktur im Zentrum dieser Akkordanordnung. Nach links gehend werden die Strukturglieder Terz, Quinte und Septime in gleichbleibender Reihenfolge nach und nach erniedrigt, bis sie schließlich in einen quasi-C-Dur-Dreiklang zusammenschrumpfen (Erklärung s. Fußnote 39/40). Nach rechts gehend werden die Töne in umgekehrter Reihenfolge erhöht.

38) Der Maj7 Akkord mit übermäßiger Quinte kommt zwar in MMA auf der III. Stufe vor, er ist jedoch als eigenständiger Akkord im Sinne der Akkordkategorien bedeutungslos. In seiner sehr seltenen Verwendung wie z. B. in CANYON SONG von Ralph Towner oder in DE POIS DO AMOR O VAZIO von Wayne Shorter hat er eher den Charakter eines Klangeffektes oder einer künstlichen Akkordbildung wie z. B. auch der Maj7♭9♯9 Akkord in Charles Mingus' FABLES OF FAUBUS. Für sich gesehen würde man den Maj7♯5 Akkord als verkürzten Moll$^{maj7(9)}$ verstehen, was der Vertretung III–^{7} für I^{maj7} entspräche.

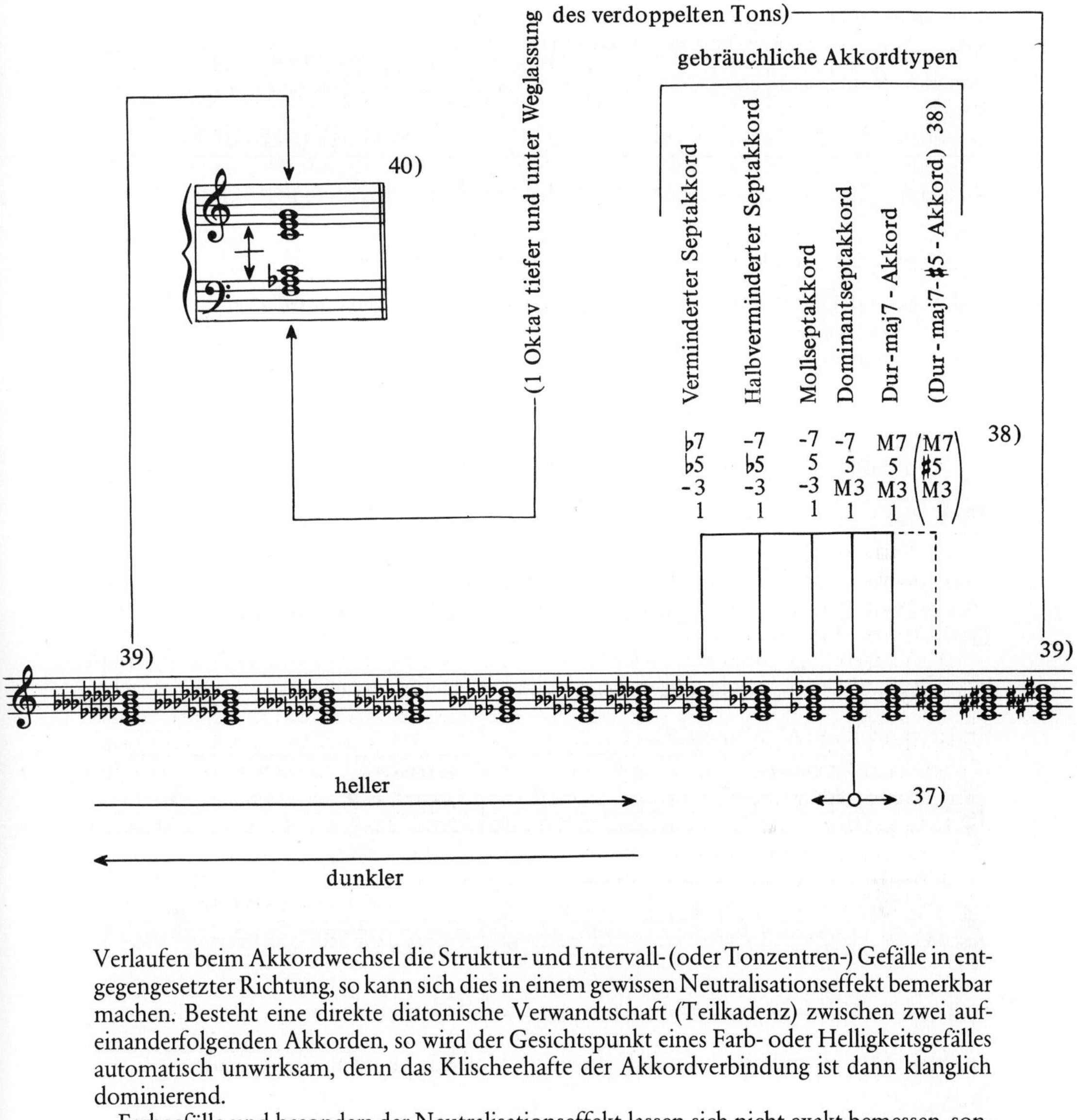

Verlaufen beim Akkordwechsel die Struktur- und Intervall- (oder Tonzentren-) Gefälle in entgegengesetzter Richtung, so kann sich dies in einem gewissen Neutralisationseffekt bemerkbar machen. Besteht eine direkte diatonische Verwandtschaft (Teilkadenz) zwischen zwei aufeinanderfolgenden Akkorden, so wird der Gesichtspunkt eines Farb- oder Helligkeitsgefälles automatisch unwirksam, denn das Klischeehafte der Akkordverbindung ist dann klanglich dominierend.

Farbgefälle und besonders der Neutralisationseffekt lassen sich nicht exakt bemessen, sondern nur als Tendenzen wahrnehmen. Unterschiede zwischen solchen Progressionen kann man höchstens als graduelle Differenzen beschreiben. Letztlich ist auch hier wieder der subjektive Eindruck maßgebend.

39) + 40) Die nach dem in Fußnote 37 beschriebenen Prinzip gebildete Akkordkette endet links in einem C-Dur-Dreiklang (enharmonisch umgedeutet) und rechts in entsprechender Weise in einem f-Moll-Dreiklang. Diese beiden Klangstrukturen sind, wenn man sie im Violin- und Baßschlüssel notiert (s. Notenbeispiel 4 in der Graphik) spiegelsymmetrisch mit dem eingestrichenen c als Spiegelachse. Diese interessante Randerscheinung ist im Zusammenhang des Themas Farbgefälle eigentlich nicht von Belang, dennoch soll dieser Aspekt nicht unerwähnt bleiben, da man mit Hilfe solcher oder ähnlicher Überlegungen mitunter zu neuartigen Klangergebnissen gelangen kann.

6.3.4. Imitation

Wie in anderen Variationspraktiken kann man auch bei der Reharmonisation das Prinzip der Imitation berücksichtigen. Als imitatorische Erscheinungen können hier folgende genannt werden:
a) sequenzartige Nachahmung einer vorangegangenen Intervallfolge (Akkordfolge), bei der man entweder die gleiche Strukturfolge wie in dem zu imitierenden Sequenzglied oder wiederum variierend andere Strukturen auf den entsprechenden Stufen verwendet.

Bsp.: C^{maj7} $E\flat{-}^{7}$ E^{7}alt. F^{maj7} $A\flat{-}^{7}$ A^{7}alt. $B\flat^{maj7}$
oder: C^{maj7} $E\flat{-}^{7}$ E^{7}alt. F^{maj7} $A\flat^{maj7}$ $A{-}^{7}$ $B\flat^{7}$alt.

b) Ansatzweise Übernahme von vorangegangenen Strukturfolgen (entsprechend der melodischen Kopfimitation).
c) Imitation in Verbindung mit *constant structure (c. s.):*
Unmittelbare c.s.-Folgen unter gelegentlicher Änderung des Akkordtyps

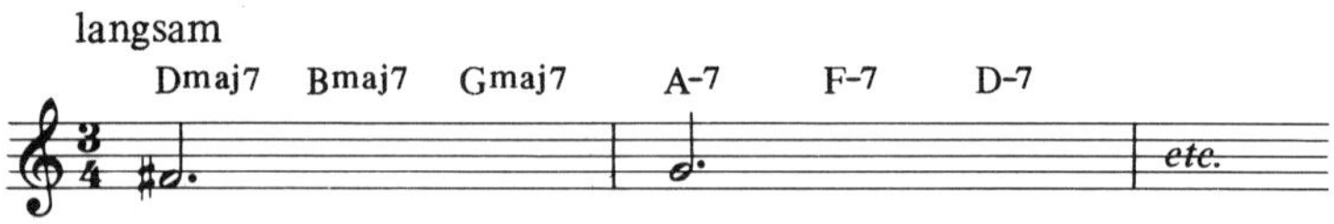

Ein interessanter Seiteneffekt ist hier das Steigen der Akkordtonfunktion: der Melodieton ist Terz in D^{maj7}, Quint in B^{maj7}, Septim in G^{maj7}, ebenfalls Septim in $A{-}^{7}$, None in $F{-}^{7}$ und 11 in $D{-}^{7}$.

Wiederkehr gleichartiger Akkordkombinationen:

Bridge von CRYSTAL SILENCE

K: Chick Corea. Mit frdl. Genehmigung des Musikverlags Intersong GmbH, Hamburg

Ein Maj^{7} Akkord wird jeweils gefolgt von einem Mollseptakkord auf der V. Stufe.

6.3.5. Weitere Prinzipien zur Regulierung von Reharmonisationsmechanismen

a) Augmentation: bedeutet hier Streckung, also eine Verlangsamung des harmonischen Tempos. Dies kann in sehr eindrucksvoller Weise durch ein Baßpedal erreicht werden.
b) Diminution: dementsprechend harmonische Verdichtung, d. h. z. B. Harmonisation (bzw. Reharmonisation) in Viertelnoten statt Halben.
Darüber hinaus besteht die Möglichkeit, neue Prinzipien zu konstruieren. Diese können sich einerseits vom Material ableiten lassen oder auch frei erfunden sein.

Es ist natürlich nicht zwingend, einen Reharmonisationsmechanismus einem der genannten Prinzipien zu unterwerfen (was die freie Reharmonisation deutlich erkennen läßt); diese geben nur die Möglichkeit, dem harmonischen Gesamtbild eine hörbare Systematik zu verleihen.

III Funktionsfreie Harmonik (Modalität)

7. Modalität

Da im *modalen Jazz* Harmonik im Sinne einer bestimmten Weiterführungslogik der Akkorde nicht existiert, fällt die Behandlung dieser Stilrichtung eigentlich aus dem Rahmen einer Harmonielehre[41]. Dennoch soll kurz abgehandelt werden, worin das Wesen der Modalität besteht und was sie von der Funktionsharmonik unterscheidet.

In der Hauptsache zeigt sich die Verschiedenheit dieser beiden Jazzarten darin, daß im funktionsharmonischen Jazz das Tonmaterial in vertikaler Anordnung (Akkorde), im modalen dagegen im horizontalen Sinne (Skalen) strukturiert wird. Während die Funktionsharmonik – wie der Name erkennen läßt – im wesentlichen auf dem Prinzip klischeehafter Akkordbezüge beruht, ist das bestimmende Moment im modalen Jazz das Nebeneinander unabhängiger Klangebenen.

Es gibt zwar keine modalen Klischees, dennoch lassen sich modale Verhältnisse durch bestimmte Kategorien beschreiben.

7.1. Klangebenen

Zum einen können Modi im Sinne der Funktionsharmonik derselben Tonalität (Tonart) angehören. Um aber die Assoziation der Funktion zu vermeiden, ist im Modalen statt Tonalität die Bezeichnung *Klangebene* angebrachter.

Unter einer Klangebene ist ein festes Tonsortiment zu verstehen, das sich in verschiedener (linearer) Gruppierung, d. h. in verschiedenen Skalen ausdrücken kann. In der Funktionsharmonik wird eine Tonalität in der Regel mit dem Namen der betreffenden (Dur-) Tonart bezeichnet. Im Modalen sollte man, um die Zentralstellung des Ionischen auszuschließen, eine Klangebene nicht mit dem Tonnamen, sondern mit den entsprechenden Vorzeichen bezeichnen, also beispielsweise statt von E♭–Dur von der 3♭–Ebene sprechen. Diese Bezeichnungsweise ist neutral und weist nicht auf einen bestimmten Modus hin.

Chick Corea's CRYSTAL SILENCE ist ein gutes Beispiel, um die Verwendung verschiedener Modi im Zusammenhang von Klangebenen zu veranschaulichen, obschon das Stück in mancher Hinsicht nicht die Charakteristiken eines modalen sondern eher eines „konventionellen Standards" (z. B. bezüglich der Form) trägt.

CRYSTAL SILENCE

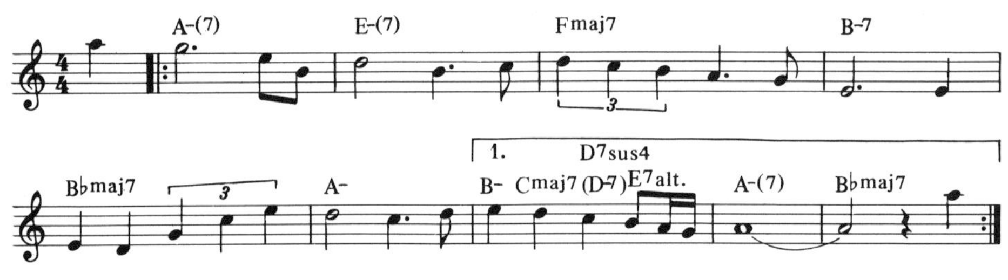

---

41) Den Hauptzeitabschnitt des Modalen Jazz stellen grob gesehen die späten 60er Jahre dar (mit Wirkung bis heute). Man denkt an Musiker wie Miles Davis, Herbie Hancock, McCoy Tyner u. a. In dieser Zeit sind vornehmlich die historischen Modi verwendet worden (also Ionisch, Dorisch, Phrygisch, Lydisch, Mixolydisch, Aeolisch und Lokrisch, wovon Ionisch und Lokrisch am seltensten vorkommen; plagale Modi sind im Jazz ohne Bedeutung). Die heutige Jazzszene ist zu einem großen Teil modal, jedoch nicht in der ursprünglichen Reinheit bzw. Strenge. Zudem ist das Tonmaterial durch außeramerikanische bzw. -europäische, vor allem durch asiatische (bes. indische und japanische) und afrikanische Einflüsse sowie durch den Free-Jazz und auch die zeitgenössische Kunstmusik erweitert worden.

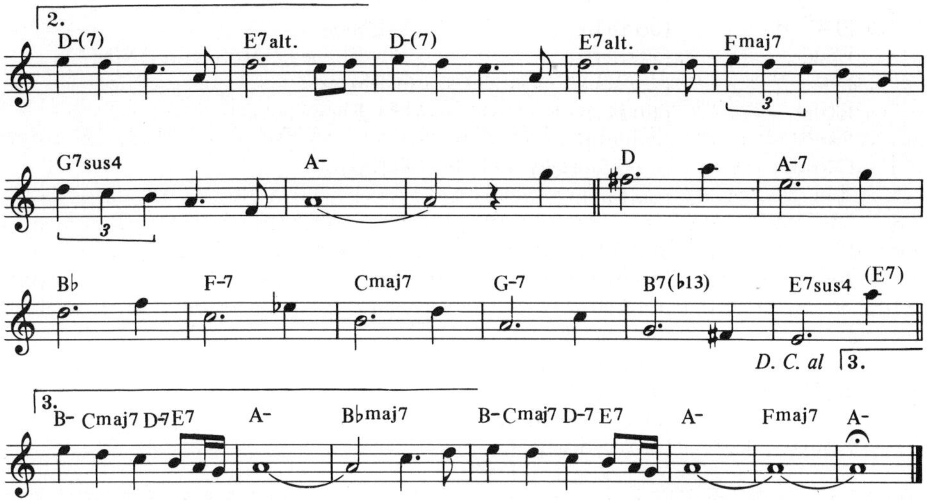

K: Chick Corea. Mit frdl. Genehmigung des Musikverlages Intersong GmbH, Hamburg

Klangebenen des Stückes:

	Akkord	Skala	Klangebene
Ⓐ	A– E– F^{maj7}	(aeolisch) (phrygisch) (lydisch)	♮–Ebene
	$B-^{7}$	(dorisch)	3♯–Ebene
	$B\flat^{maj7}$	(lydisch)	♭–Ebene
1.	A– $B-^{7\flat5}$ 42) C^{maj7} $D-^{7}$ 43) $E-^{7}$ 44) A–	(aeolisch) (lokrisch) (ionisch) (dorisch) (phrygisch) (aeolisch)	♮–Ebene
	$B\flat^{maj7}$:‖		♭–Ebene

42) bis 44) Die Akkorde $B-^{7\flat5}$, $D-^{7}$ und $E-^{7}$ entsprechen nicht ganz genau dem Originaltext, in dem an den betreffenden Stellen $B-^{7}$, D^{7}sus4 und $E^{7(\flat9)}$ erscheinen. Diese „geringfügigen" Änderungen wurden hier gemacht, um eine einheitliche Klangebene für eine längere Dauer zu erhalten.

42) $B-^{7\flat5}$ unterscheidet sich von $B-^{7}$ (3♯–Ebene) durch zwei Töne: f bzw. fis und c bzw. cis.

43) und 44) $D-^{7}$ unterscheidet sich von D^{7}sus4 und $E-^{7}$ von $E^{7(\flat9)}$ (HM5) durch je einen Ton. Bei $D-^{7}$/D^{7}sus4 ist es f/fis und bei $E-^{7}$/E^{7} g/gis.

2. D–^{7}	(dorisch)	♮–Ebene
E^{7}alt.	(alteriert)	♭♮♭–Ebene (7. Stufe von F MMA)
D–^{7}	(dorisch)	♮–Ebene
E^{7}alt.	(alteriert)	♭♮♭–Ebene (s. o.)
F^{maj7}	(lydisch)	
G^{7}sus4	(mixolydisch)	♮–Ebene
A–	(aeolisch)	

Ⓑ

D	(ionisch) 2♯	
A–$^{(7)}$	(dorisch) ♯	
B♭	(ionisch) 2♭	
F–$^{(7)}$	(dorisch) 3♭	(–Ebene)
C^{maj7}	(ionisch) ♮	
G–^{7}	(dorisch) ♭	
B$^{7\,(\flat 13)}$	(div. Möglichkeiten)	
E^{7}sus4	(mixolydisch)	} 3♯
E^{7}	(„)	

Ⓐ

letzter A-Teil wie erster; Schlußwendung:

A–	(aeolisch)	
F^{maj7}	(lydisch)	♮–Ebene
A–	(aeolisch)	

Tabelle der Klangebenen:

	6♭	5♭	4♭	3♭	2♭	♭	♮	♯	2♯	3♯	4♯	5♯	6♯
Ionisch	G♭	D♭	A♭	E♭	B♭	F	C	G	D	A	E	B	F♯
Dorisch	A♭	E♭	B♭	F	C	G	D	A	E	B	F♯	C♯	G♯
Phrygisch	B♭	F	C	G	D	A	E	B	F♯	C♯	G♯	D♯	A♯
Lydisch	C♭	G♭	D♭	A♭	E♭	B♭	F	C	G	D	A	E	B
Mixolydisch	D♭	A♭	E♭	B♭	F	C	G	D	A	E	B	F♯	C♯
Aeolisch	E♭	B♭	F	C	G	D	A	E	B	F♯	C♯	G♯	D♯
Lokrisch	F	C	G	D	A	E	B	F♯	C♯	G♯	D♯	A♯	E♯

Die Klangebenen werden durch jeweils sieben Töne in vertikaler Anordnung gebildet, so beispielsweise die 3♭–Ebene, 2♯–Ebene usw. Die angegebenen Skalen werden gefunden, indem man in einer gewählten Klangebene an der Stelle, wo der Skalenname steht, senkrecht bis unten und dann von oben bis zum vorletzten Ton der betreffenden Skala geht. Z. B.: B♭–Aeolisch befindet sich in der 5♭–Ebene. Die Skala beginnt in der vorletzten Zeile: B♭ C | D♭ E♭ F G♭ A♭.

7.2. Modale Verhältnisse

Ein anderer Gesichtspunkt bei der Analyse von modalen Jazzstücken ergibt sich aus der Beobachtung, daß benachbarte (aufeinanderfolgende) Modi in verschiedenerlei Verhältnissen zueinander stehen können. Man unterscheidet hier die Einheitlichkeit und Verschiedenartigkeit von Grundton (Ton) und Struktur (Modus). Gleichheit wird mit der Vorsilbe uni- und Ungleichheit mit poly- angegeben. Es sind also bei einem Modalverhältnis immer beide Faktoren – der *tonale* und der *modale* – zu bezeichnen.

Die vier möglichen Verhältnisse sind:

a) unitonal- – unimodal
b) polytonal – unimodal
c) unitonal – polymodal
d) polytonal – polymodal

Beispiele:

zu a) F lyd. – F lyd.
zu b) F lyd. – A lyd. (constant structure)
zu c) F lyd. – F phryg. (Pedal-Wirkung)
zu d) F lyd. – E mixol.

Ein wichtiges Kennzeichen des modalen Jazz ist es, daß die Stücke in der Regel nur wenige Modi verwenden, im Gegensatz zu funktionsharmonischen Stücken, die meist eine Fülle von Akkorden enthalten und zudem noch mittels Reharmonisation mit weiteren Akkorden versehen werden können.

Die „Kargheit" modaler Stücke ist im wesentlichen darin begründet, daß ein Modus ein selbständiges Klangbild darstellt und nicht in einem funktionalen Zusammenhang steht, also nicht an einem Durchführungs- oder Auflösungsprozeß beteiligt ist. Ein Modus hat also eine völlig andere Bedeutung als eine Akkordskala, wenn auch beide den gleichen Namen tragen können.

Verwirrend ist wiederum die Tatsache, daß in modalen Stücken die Modi oft in Form von Akkordsymbolen angegeben sind. Dies ist vor allem bei frühen Stücken der Fall, was darauf hindeutet, daß sich der Übergang von der funktionalen zur modalen Denkweise allmählich vollzogen hat. Diese Akkordsymbole sollen außerdem Klänge darstellen, die in dem betreffenden Modus als typischste Vertikalstruktur zu gelten haben. So wurde beispielsweise für den mixolydischen Modus der entsprechende Dominantsept–sus4–Akkord angegeben.

In der weiteren Entwicklung wurden den Akkordsymbolen Modalnamen beigefügt, besonders auch, weil Akkordsymbole mehrdeutig sein können. Schließlich hat man die Symbole ganz weggelassen und nur noch die Modi bezeichnet. Dieser Entwicklungsvorgang ist natürlich nur als vereinfachte schematische Darstellung zu verstehen. Hier sollte vor allem darauf hingewiesen werden, daß modale Jazzstücke in verschiedener Weise notiert sein können und daß die Art der Notation noch nichts über den Charakter des betreffenden Stückes aussagt.

7.3. Beispiele

7.3.1.

MILESTONES

T und K: Miles Davis. © 1948 by Savoy Music assigned to Screen Gems-EMI Music Inc., USA. Eigentum für Deutschland, Österreich, Schweiz, CSSR, Ungarn, Bulgarien, Türkei, Rumänien, Polen, Albanien, Jugoslawien: Francis, Day & Hunter GmbH, Hamburg

In MILESTONES kommen nur zwei Skalen vor, nämlich C Mixolydisch (♭-Ebene) und A Aeolisch (♮-Ebene). Das modale Verhältnis ist *polytonal – polymodal.* Es fällt auf, daß die beiden Klangebenen sich nur in einem Ton unterscheiden. Durch diese Ähnlichkeit wird der scheinbar starke Kontrast des modalen Verhältnisses gemildert.

7.3.2.

MAIDEN VOYAGE

K: Herbie Hancock. Mit frdl. Genehmigung der Global Musikverlage, München

MAIDEN VOYAGE, eines der wohl bekanntesten modalen Jazzthemen, ist nach constant structure-Manier angelegt. Die einzige Abweichung von diesem Prinzip besteht in D♭–7 (D♭dorisch), alle anderen Klänge sind mixolydisch.

7.3.3.

ZANA

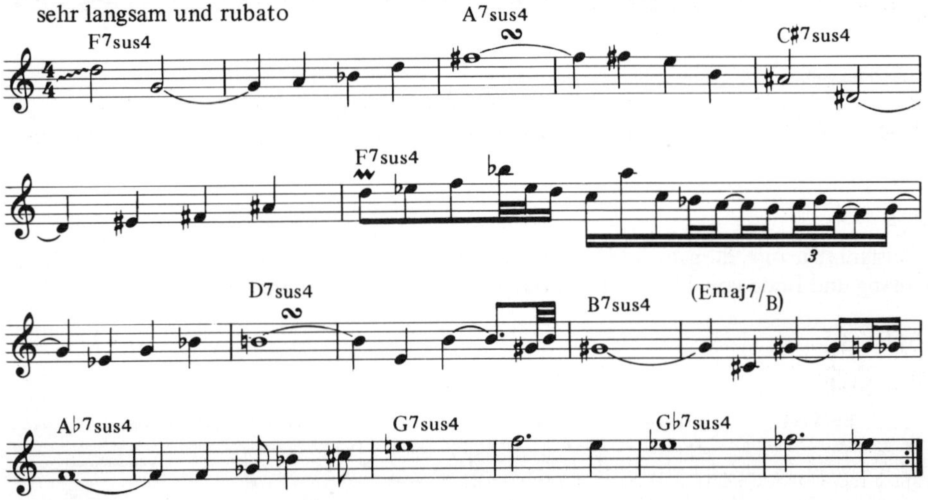

K: Ch. Mariano. Originalverlag: Newport Music Comp., Boston

In diesem Stück, das auch nach dem constant structure-Prinzip harmonisiert ist, muß zudem als besondere Feinheit hervorgehoben werden, daß bei jedem Akkordwechsel die Melodie mit der großen Sexte des betreffenden Akkordes beginnt, es liegt hier also constant structure in ganz konsequenter Form vor. Dieser Parallelität wird durch Gegenbewegung im Baß entgegengewirkt.

7.3.4.

CHAMELEON

K: Axel Jungbluth. © B. Schott's Söhne, Mainz 1980

Dieses 24taktige Stück weist in der zweiten Hälfte constant structure auf, mit Maj7 Akkorden, die z. T. in einer Umkehrung erscheinen.

7.3.5.

Constant structure, die ganz und gar dem Melodieverlauf unterworfen ist, findet man z. B. am Anfang und Ende von THE INTREPID FOX von Freddie Hubbard:

(Anfang)

(Ende)

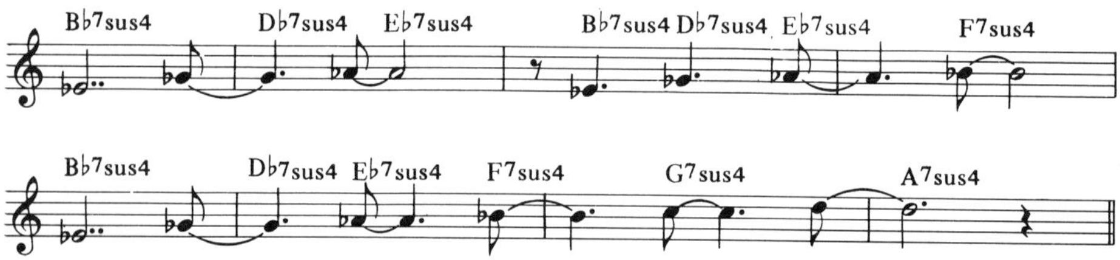

K: Freddie Hubbard. Mit frdl. Genehmigung von Melodie der Welt J. Michel KG, Frankfurt/M.

7.3.6.

CAFE DE GAB

K: Axel Jungbluth. © B. Schott's Söhne, Mainz 1980

Dieses Stück mit dem Modalverhältnis unimodal – polytonal = *constant structure* entspricht einerseits der ursprünglichen Idee, einen Modus für längere Zeit „wirken zu lassen" (hier: 4- und 8taktige Dauern), und zum andern enthält es Passagen mit raschem Akkordwechsel in Parallelharmonik (die mit * bezeichneten Stellen).

7.3.7.

LITHA

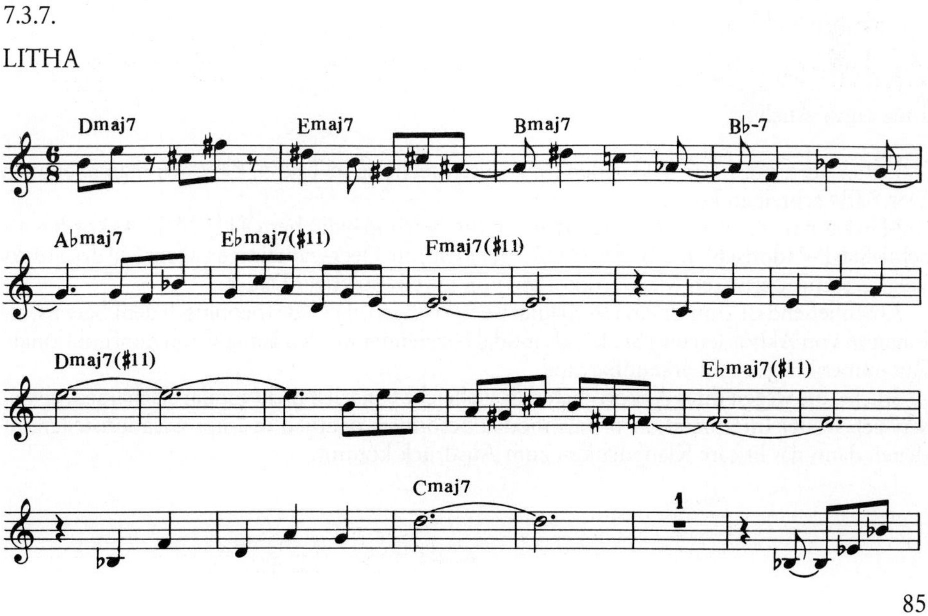

K: Chick Corea. Mit frdl. Genehmigung des Musikverlages Intersong GmbH, Hamburg

Chick Corea verwendet hier verschiedene modale Prinzipien: constant structure (taktweise) und das unimodal-polytonale Verhältnis (constant structure) über jeweils mehrere Takte (vgl. NIMBUS/Ron McClure) sowie frei eintretende Modi.

Eine kurze Analyse:

Takt 1–21 c. s. mit Maj7–Akkorden (mit Unterbrechung in Takt 4, B♭–^{7}, wo man aber auch D♭^{maj7}/B♭ schreiben könnte).

Man kann noch differenzieren zwischen ionischen und lydischen (♯11) Maj7 Akkorden. Es schließen F–^{7} (dorisch) und B$^{7(\sharp 9)}$ (HTGT oder Alt.) an. Der geradtaktige zweite Teil des Stücks zeigt c. s. mit dorischen Moll7 Akkorden von jeweils 8taktiger Dauer.

Abschließend ist zum Thema Modalität noch zu sagen, daß jede theoretisch denkbare Kombination von Akkorden und Skalen als modal bezeichnet werden kann, wenn nur funktionale Zusammenhänge nicht erkennbar sind.

Stücke, die wegen ihres Akkordmaterials vielleicht zunächst nicht modal erscheinen, erweisen sich in der Interpretation oft als modal, besonders deutlich in Improvisationsteilen, in denen dann das lineare Klangdenken zum Ausdruck kommt.